本书由重庆市知识产权局知识产权实务类著作项目资助

/ 知识产权保护和运用调查研究系列丛书 /

校企知识产权保护与人才培养调查研究

苏平 |主编|

杨练 范小渝 |副主编|

知识产权出版社

全国百佳图书出版单位

—北京—

图书在版编目（CIP）数据

校企知识产权保护与人才培养调查研究/苏平主编. —北京：知识产权出版社，

2025.2. —（知识产权保护和运用调查研究系列丛书）. —ISBN 978-7-5130-9742-0

Ⅰ.D923.404

中国国家版本馆 CIP 数据核字第 20255821UR 号

责任编辑：韩婷婷　杨　易　　　　责任校对：谷　洋

封面设计：研美设计　　　　　　　责任印制：刘译文

校企知识产权保护与人才培养调查研究

主　编　苏　平

副主编　杨　练　范小渝

出版发行	知识产权出版社 有限责任公司	网　　址	http://www.ipph.cn
社　　址	北京市海淀区气象路 50 号院	邮　　编	100081
责编电话	010-82000860 转 8359	责编邮箱	176245578@qq.com
发行电话	010-82000860 转 8101/8102	发行传真	010-82000893/82005070/82000270
印　　刷	三河市国英印务有限公司	经　　销	新华书店、各大网上书店及相关专业书店
开　　本	720mm×1000mm　1/16	印　　张	13.5
版　　次	2025 年 2 月第 1 版	印　　次	2025 年 2 月第 1 次印刷
字　　数	207 千字	定　　价	79.00 元

ISBN 978-7-5130-9742-0

序 言
PREFACE

　　习近平总书记强调，"调查研究是谋事之基、成事之道"，"创新是引领发展的第一动力，保护知识产权就是保护创新"。为了提高大学生社会调查能力和知识产权保护的热情，塑造尊重知识、崇尚创新、诚信守法、公平竞争的知识产权文化理念，为知识产权强国建设献计献策并提供数据支撑，重庆理工大学与重庆市知识产权研究会于2023年联合举办了首届全国大学生知识产权调研大赛。大赛由重庆理工大学重庆知识产权学院、重庆市科技创新知识产权研究中心、重庆理工大学重庆市知识产权文化教育传播基地承办，重庆士继嘉知识产权研究院、重庆顾迪知识产权运营集团协办。

　　本届大赛吸引了来自中国人民大学、中国科学院大学、北京师范大学、对外经济贸易大学、中南大学、北京理工大学、华东政法大学、西南政法大学、南京理工大学、重庆理工大学等多所全国知名高校的近百支队伍参加，在全国知识产权领域产生了广泛影响。

　　"知识产权保护和运用调查研究系列丛书"系全国大学生知识产权调研大赛优秀获奖作品的结集出版，首届大赛获奖作品按照主题共出版三本，分别是《非物质文化遗产知识产权保护调查研究》《校企知识产权保护与人才培养调查研究》和《地理标志保护调查研究》。希望本丛书的出版能够为知识产权强国建设和区域知识产权发展提供数据支撑。

重庆理工大学重庆知识产权学院
重庆市科技创新知识产权研究中心　　苏 平

2024 年 12 月

目 录

CONTENTS

高新技术企业知识产权能力分析及提升对策研究[*]

——以重庆市璧山区四大产业为例

一、绪论

（一）调研背景

党的十八大以来，习近平总书记高度重视高新技术企业发展[1]，在国家层面持续制定关于高新技术企业的各项政策，如《国务院关于促进国家高新技术产业开发区高质量发展的若干意见》《企业技术创新能力提升行动方案（2022—2023 年）》等[2-5]。知识产权的创造、保护、管理和运用能力对支持关键核心技术攻关[6-7]、高价值专利的产出、实现自主知识产权突破具有重要现实意义[8]。重庆市璧山区拥有 32 个产业园区，重点发展智能网联新能源汽车、新一代信息技术、智能装备、大健康四大产业集群。近年来，该区坚持把创新作为推动产业高质量发展的源头活水，围绕优势产业打造创新链，以创新链推动传统产业转型升级和战略性新兴产业发展，逐步实现人才链、创新链、产业链的有机融合，推动形成以创新为引领的现代制造业产业体系。[9]

"十四五"时期是我国开启全面建设社会主义现代化国家新征程的第一个五年。[10] 为提升璧山区高新技术企业知识产权创造、保护、管理、运用能力，服务经济社会高质量发展，落实《重庆市璧山区国民经济和社会发展第十四个五年规划和二〇三五年远景目标纲要》，亟须分析和研究璧山区四大产

---

* 作者：李梦茹、王玥、刘聪、谭星鑫、白益，重庆理工大学重庆知识产权学院知识产权管理专业 2021 级硕士研究生。

业高新技术企业知识产权能力现状和提升困境。因此，本次调研立足于璧山区的产业发展概况和特征，基于其四大支柱产业的知识产权发展现状，以参与的《璧山区创建〈国家知识产权示范城市（城区）服务〉及〈知识产权"十四五"发展规划〉制定》课题项目为契机，探寻该地区高新技术企业知识产权能力现状及提升困境，并提出相应的解决措施。

（二）调研内容

本次调研的基本内容是以重庆市璧山区高新技术企业为调研对象，同时向国家知识产权局等政府部门以及重庆三峡银行璧山支行等其他机构了解关于璧山区高新技术企业知识产权情况（见表1），以全方面、多角度地了解璧山区高新技术企业在知识产权创造、保护、管理和运用能力方面存在的问题和实际需求，并针对其所面临的知识产权能力提升困境，从政府和企业层面提出对策建议，以帮助企业充分发挥知识产权的价值，助力企业紧跟时代高质量发展潮流。

表 1　本次调研的基本内容

调研单位性质	调研单位名称	调研方式	调研目的
政府部门	国家知识产权局	电话访谈	了解有效发明专利拥有量的统计口径
	重庆市科技局	实地走访	了解重庆市中小企业知识产权金融扶持政策的相关情况
	重庆市知识产权局	实地走访	收集璧山区内企业专利申请情况和拥有量
	璧山区知识产权局	实地走访	收集和了解璧山区知识产权管理和保护的相关数据、机制、典型案例
璧山区内企业	璧山区内企业 50 家	问卷调查	全面了解重庆市璧山区高新技术企业在知识产权方面存在的问题和实际需求，帮助璧山区高新技术企业更好地进行知识产权管理和保护
	璧山区内企业 15 家	实地走访	
其他	重庆三峡银行璧山支行	实地走访	了解璧山区科技型中小企业知识产权质押融资开展情况
	重庆强大知识产权集团	实地走访	了解"一站式"综合服务平台的构建

（三）调研方法

本次对高新技术企业进行调研主要采用了实地观察法、问卷调查法以及数据检索分析法。

实地观察法：在此次调研中，调研小组实地探访了璧山区四大产业集群的部分高新技术企业，如重庆康佳光电技术研究院有限公司（现更名为重庆康佳光电科技有限公司），通过与该公司负责人、相关技术人员等的交流了解了企业的知识产权现状，包括知识产权数量、科技成果转化、知识产权授权许可等，并观察了生产车间，了解了企业的核心技术。

问卷调查法：调研小组在对璧山区高新技术企业进行实地观察后，根据实地观察及搜索相关文献资料得到的信息进行问卷调查。此次问卷调查分为五大部分，分别是企业的基本情况，企业知识产权创造、运用、保护、管理，以此充分了解璧山区高新技术企业的知识产权能力。

数据检索分析法：此次调研主要采用常用的专利、商标、著作权检索工具和检索方法，对所调研的璧山区高新技术企业进行知识产权分析，并依据实地走访和问卷调查的结果对其作出有益补充，以便深入了解璧山区高新技术企业知识产权现状。本次检索分析共对 20000 多条专利数据、13000 多条商标数据进行了系统分析。

（四）调研目的

此次调研的目的在于了解企业知识产权创造、保护、管理和运用能力现状，收集、整理并分析相关数据，全面剖析该区高新技术企业在提升知识产权能力方面的困境，并有针对性地提出完善对策，以期助力璧山区高新技术企业高质量发展，具体包括：

首先，对璧山区高新技术企业的知识产权能力进行概括了解，选择出实地观察的企业，准备实地观察资料。

其次，对璧山区高新技术企业的知识产权进行检索分析，实地走访该区部分企业，且制作问卷对该区的高新技术企业进行调查。

再次，对前期收集的信息资料进行整理，分析璧山区高新技术企业的知识产权创造能力、保护能力、运用能力、管理能力，总结出该区企业在知识产权能力提升方面所面临的困境。

最后，有针对性地从政府和企业两个维度提出摆脱璧山区高新技术企业知识产权能力提升困境的对策，提升璧山区高新技术企业的整体科技创新能力，助力其高质量发展。

二、璧山区高新技术企业知识产权能力调研情况分析

此次调研主要采取了专利、商标检索分析，实地走访和网络问卷调查的方式。其中专利、商标检索分析主要针对璧山区四大产业集群进行分析；实地走访是走访了璧山区高新技术企业及知识产权保护代表性企业 15 家；网络问卷调查是根据本次调研的目的和调查内容，对璧山区内的企业展开调查，并向他们分发网络调查问卷，最终一共回收 50 份有效问卷。

（一）实地走访调研分析

1. 智能网联新能源汽车产业

在智能网联新能源汽车产业中，许多企业未设立专门的知识产权管理部门，而是由知识产权管理专员负责相关事务。这些知识产权管理专员通常来自企业的技术部门、法务部门或其他行政部门。比如重庆大江动力设备制造有限公司就设有负责商标、专利的管理人员。其负责人表示，企业发展初期对商标的重视程度不够导致"大江"商标被其他企业抢注，目前，企业的商标申请工作非常被动。在专利方面，由于公司业务涉及出口，所以希望政府可以提供更加完善的国外专利检索平台，培训国外的知识产权制度。又如重庆金冠汽车制造股份有限公司虽然没有知识产权部门，但是有非常专业的知识产权管理人员，该企业还荣获重庆市"隐形冠军企业"称号。目前企业已拥有专利 80 多件。但是同时也存在员工激励机制不完善、激励措施较少等问题，导致无法更好地激励企业员工研发创新。再如重庆嘉木机械有限公司的

知识产权管理专员由技术人员和财务人员担任，同时开展了知识产权质押融资工作。相关负责人提到，由于企业遭遇过知识产权纠纷，因此认为，建立和完善知识产权制度至关重要，同时规范知识产权管理也必不可少。

2. 新一代信息技术产业

在新一代信息技术产业中，调研组主要调研了重庆青山工业有限公司。调研组在与企业负责人交流的过程中发现，重庆青山工业有限公司整体研发能力较强，很多产品属于自主研发，企业登记了许多软件著作权，所以不担心面临侵权诉讼，但是也存在其他方面的问题。首先，企业知识产权维权意识薄弱。相关负责人表示：一方面，知识产权维权成本较高；另一方面，知识产权侵权具有隐秘性，企业没有多余的精力去发现、取证、诉讼。其次，企业大量技术人员流失，商业秘密保护困难。虽然企业与员工签订了保密协议、竞业禁止协议，但是由于人员流动以及技术的复杂性，难以追踪已辞职员工后续的工作情况。

3. 智能装备产业

调研组在走访了多家智能装备产业的企业后，发现有知识产权管理综合水平较高的企业。比如重庆康佳光电技术研究院有限公司，其拥有相对完善的知识产权管理体系，以及 13 人的知识产权管理部门，包括知识产权诉讼部、知识产权开发部、信息程序部三个子部门，同时具备专利工程师等知识产权方面的专业人才，因此在知识产权领域收获颇丰。截至 2021 年 12 月 24 日，该企业专利地域布局方面，已获得中国专利受理 887 件、专利合作条约（PCT）受理 183 件、美国受理 72 件、韩国受理 6 件、日本受理 2 件，另外还获得登记著作权 17 件、申请商标 8 件。在 Micro LED 产业链及设备制造中，申请核心专利 909 件。涉及领域广泛，包括显示（结构）、巨量转移（转移结构）、芯片（制造工艺）、显示（电路）、巨量转移（转移方式）、显示（光学）、芯片（外延/磊晶）、芯片（芯片结构）、显示（驱动方法）、产品后端（灯箱封装）、产品后端（IC 显示模块）共 11 个技术大类和近百个技术小类。该企业 2019 年的 PCT 申请量占重庆市全年 PCT 申请量的 36% 以上，2020 年的 PCT 申请量位居重庆市第一名。2020 年，重庆康佳光电技术研究院有限公司被授予"国家高新技术企业"荣誉称号。在聚焦当前发展的同时，该公司还制定了未来数十年的知识产权战略规划。在提及企业当前需求时，相关负责人表示：首先，希望政府在知识产权运用方面提供较好的政策引导和经验交流；其次，企业需要通过专利展销、联合影响模式来推动技术应用；最后，在外部资源方面，企业需要引进更优秀的外部资源和知识产权人才，希望政府制定相关人才引进政策，并联合企业培育知识产权人才。

多数企业把知识产权工作交由代理机构处理。比如重庆健森动力机械有限公司、重庆宇海精密制造股份有限公司没有相应的知识产权管理部门，企业把涉及专利、商标、著作权的工作交由代理机构处理，然而，由于企业和代理机构之间存在信息不对称的情况，导致专利申请、运用和保护的效果不如预期。因此，企业亟须加强知识产权方面的培训，以便让内部员工更好地负责本企业的知识产权工作。企业负责人表示，企业在面对专利规避和保护时，暴露出知识产权意识薄弱的问题，因此需要参加专业性的讲座来提升自身知识产权管理能力。同时，企业还想开展知识产权质押融资工作，但是认为当前的质押融资金额较低。

有些企业面临人才流失、商业秘密泄露等问题。比如重庆宇海精密制造股份有限公司、重庆瑞普电气实业股份有限公司等虽然重视对技术秘密的保护，但是商业秘密保护能力不足，没有制定完善的商业秘密保护管理制度，导致企业培养的技术人员被竞争者挖走却无法阻止。也有些企业提到专利维持成本太高，比如重庆重玻节能玻璃有限公司的专利主要集中在工艺设备上，也作了知识产权"贯标"，但是企业负责人表示，当前专利维持成本太高打击了企业维持专利的积极性。

4. 大健康产业

在生命健康产业中，调研组主要调研了重庆中铁任之养老产业有限公司、重庆市璧山区人民医院、海默斯（重庆）医学生物技术有限公司。就整体而言，这些企业虽然拥有大量专利，也进行了商标布局，但是企业知识产权管理意识较差，知识产权管理部门不健全。比如海默斯（重庆）医学生物技术有限公司的技术人员担任企业知识产权管理人员。有些企业甚至没有知识产权管理专员，也有些企业把知识产权管理工作分配给企业品牌部、法务部等。并且，由于企业创立初期对商标的重视程度不够，因此，比如重庆中铁任之养老产业有限公司正面临核心商标已被抢注的情况。

(二) 调查问卷结果分析

1. 企业基本情况分析

此次网络问卷调查的企业分成四类，分别是智能网联新能源汽车产业企业、新一代信息技术产业企业、智能装备产业企业和大健康产业企业，基本覆盖了重庆市璧山区高新技术企业全部类型。其中，智能装备产业的企业占比高达46%，这与璧山区高新技术企业所属行业类型特点基本一致，符合重庆市璧山区制造企业较多的特点。

在被调研企业中，所有企业都认为知识产权是非常重要的，并且大多数企业都对知识产权的相关知识有一定了解。其中，对知识产权非常了解的企业占70%，听过但不是很清楚知识产权相关规定的企业占20%。在所有知识产权类型中，企业所拥有的和所关注的知识产权类型基本保持一致，专利既是大多数企业所拥有的知识产权类型，也是最受企业关注的知识产权类型，拥有专利的企业达到57%，这和璧山区高新技术企业所处行业的特点有关。也有小部分企业自身没有知识产权，但是对知识产权有一定程度上的了解和关注。

获取知识产权相关知识的途径主要有：①专业学习；②媒体、政府网站等的宣传；③业务实践。通过问卷调查发现，大多数企业是通过媒体、政府网站等宣传以及业务实践的方式来了解知识产权相关知识的，通过专业学习的途径获取知识产权相关知识的企业仅占21%，也有极少数企业通过第三方代理机构了解知识产权相关知识。

2. 企业知识产权创造情况分析

在参与问卷调查的企业中，除2家企业没有知识产权研发经费外，大部分企业都投入了知识产权研发经费。其中，投入占年收入比重达到5%以上的有14家企业，比重达到3%～5%的有19家企业，比重达到1%～3%的有17

家企业。由此可见，璧山区的大部分企业对知识产权的研发都很重视。

在参与问卷调查的企业中，只有 3 家企业没有知识产权研发人员，其余 47 家均有知识产权研发人员，大部分企业的知识产权研发人员占职工总数的 10%～20%，而占比为 10% 以下、20%～30%、30% 以上的企业数量相当。

专利技术的主要来源有：①原始自主研发；②集成创新；③引进后再研发；④合作创新；⑤委托创新；⑥购买或企业合并。在问卷调查中，关于专利技术的主要来源，有 44% 的企业采取原始自主研发的方式，21% 的企业采取合作创新的方式，11% 的企业采取集成创新的方式，可见璧山区高新技术企业研发创新能力较强，这与企业的知识产权研发经费投入和知识产权研发人员的组成密切相关。

3. 企业知识产权运用情况分析

在参与问卷调查的企业中，64% 的企业进行了专利布局，36% 的企业没有进行专利布局；有 67% 的企业有注册商标培育知名品牌的计划和行动，33% 的企业没有注册商标培育知名品牌的计划和行动。可见大部分企业对自己所拥有的专利或者商标都有一定的商业规划和布局。在这些企业中，有 80% 的企业没有使用过知识产权的托管服务，有 20% 的企业使用过知识产权的托管服务，有一部分企业的专利布局或者商标培育是由第三方机构制定的规划。

4. 企业知识产权保护情况分析

在参与问卷调查的企业中，关于知识产权保护、预警等规章制度的制定情况，仅有 16% 的企业没有制定识产权保护、预警等规章制度，其他大部分企业都制定了识产权保护、预警等规章制度。其中，32% 的企业制定得非常完善；34% 的企业制定得比较零散，未成体系；18% 的企业的规章制度中仅涉及一小部分相关内容。而关于知识产权诚信管理机制的建立情况，有 50% 的企业没有建立知识产权诚信管理机制。

关于是否经历过知识产权纠纷的问题，在参与问卷调查的企业中，仅有 14% 的企业经历过知识产权纠纷，86% 的企业没有经历过知识产权纠纷。并且有 36% 的企业认为自身在未来的发展过程中不会出现知识产权领域的纠纷问题，有 64% 的企业认为自身可能存在涉知识产权纠纷的风险。在认为可能会产生纠纷的企业中，大部分企业认为可能会在专利领域产生纠纷，小部分企业认为也可能会在商标、著作权、商业秘密方面产生纠纷。

在知识产权工作中面临的主要问题有以下五点：①资金不足；②知识产权管理人才缺乏；③知识产权法律制度不完善；④技术创新能力不足；⑤知识产权意识薄弱。其中，有29%的企业认为知识产权人才缺乏是其开展知识产权工作中存在的主要问题，有24%的企业认为资金不足是其开展知识产权工作中存在的主要问题，可见人才和资金是企业知识产权工作中的主要需求。

企业需要璧山区知识产权主管部门提供如下支持以解决企业知识产权工作过程中面临的问题：①资金；②加强针对企业的知识产权培训；③畅通的沟通渠道和交流平台；④提供维权援助；⑤搭建政产学研合作平台；⑥培育知识产权中介服务市场；⑦构建知识产权综合查询平台。其中，希望璧山区知识产权主管部门提供资金支持的企业占24%，希望提供知识产权培训支持的企业占21%，希望提供沟通渠道和交流平台支持的企业占17%。

5. 企业知识产权管理情况分析

根据问卷调查结果，我们可以发现，大部分企业已经认识到知识产权管理的重要性。其中，96%的企业认为有必要对知识产权进行管理，4%的企业认为不需要对知识产权进行管理。这表明知识产权管理对于保护企业的创新成果、提高企业的市场竞争力具有至关重要的作用。虽然大部分企业都意识到了知识产权管理的必要性，但是在参与问卷调查的企业中，62%的企业没有制定知识产权战略规划，22%的企业制定了1～2年战略规划，16%的企业已制定了3～5年战略规划，但尚没有企业制定国际化战略规划。

在参与问卷调查的企业中，58%的企业的知识产权工作处于发展中期；18%的企业的知识产权工作处于起步阶段；18%的企业的知识产权工作处于较成熟阶段；4%的企业还没有知识产权工作方面的意识，也不太重视知识产权工作；2%的企业的知识产权工作处于成熟期，会有目的地进行专利申请布局。可见，大部分企业的知识产权工作处于发展中期，有极少数企业处于成熟期。同时，还有极少数企业没有知识产权工作方面的意识。

关于企业的知识产权管理机构设置与人员配备，主要有以下四种情况：

①部门独立。这类企业高度重视知识产权管理，设有专门的管理部门和人员负责知识产权的申请、维护和保护工作。②隶属技术研发部。这类企业将知识产权管理纳入技术研发部门，但由于技术研发部门本身的工作较为繁重，因此会设有专职知识产权管理人员负责知识产权的具体事务。③隶属法务部。这类企业将知识产权管理纳入法务部门，由于法务部门的工作较为复杂，因此会设有专职知识产权管理人员负责知识产权的具体事务。④未设置管理部。这类企业没有设置专门的知识产权管理部门，而是由企业内部的技术人员或法务人员兼职负责知识产权的管理。根据调查数据，在参与问卷调查的企业中，54%的企业属于第四种情况，而仅有8%的企业属于第一种情况。由此可见，大部分企业没有设置独立的知识产权管理部门，而是采取其他方式来管理知识产权。

知识产权管理方面的相关制度主要如下：①知识产权投入与产出的相关财务制度；②企业知识产权申请方面的管理制度；③职务发明成果的奖励制度。其中，37%的企业制定了企业知识产权申请方面的管理制度；32%的企业制定了职务发明成果的奖励制度；22%的企业制定了知识产权投入与产出的相关财务制度；6%的企业没有制定知识产权管理方面的相关制度。可见，大部分企业都针对知识产权管理制定了相关制度，但仍然有少数企业没有制定。

在参与问卷调查的企业中，60%的企业没有举行过内部的知识产权培训或讲座，40%的企业举行过内部的知识产权培训或讲座；70%的企业偶尔参加外部举行的知识产权培训或讲座，16%的企业从未参加过外部举行的知识产权培训或讲座，14%的企业经常参加外部举行的知识产权培训或讲座。

三、璧山区高新技术企业知识产权能力提升困境

（一）企业知识产权创造能力维度

企业的知识产权创新能力主要体现在企业技术创新所需的人力、物力、财力等投入要素中。

在人力资源方面，璧山区高新技术企业大都未设置独立的知识产权管理部门，或者即使存在，也因专业咨询人员和指导人员的匮乏而力量比较薄弱。在本次的调研中就发现，有些企业出于人力成本考虑，知识产权的相关工作多由其他部门人员兼任，例如重庆健森动力机械有限公司由其技术研发人员兼任知识产权专员负责撰写专利申请书等。此外，大部分企业尚未建立产学研合作，企业的研发呈现单打独斗的局面，因而研发创新就难以"集广智、纳良策"。尽管部分企业已经建立了产研学合作，但实施效果不佳，主要是因为机构之间的沟通效率较低导致知识产权专业人才发挥的作用受限。并且大部分企业现存的激励制度发挥的作用较小，激励机制不健全，难以提高员工研发的积极性，如重庆金冠汽车制造股份有限公司、重庆盾铭电磁阀有限公司等。

在物力和财力方面，璧山区高新技术企业研发投入较低且创新动力不足。在网络问卷调查中，知识产权研发经费投入占年收入的比重达到5%以上的有14家企业，占参与问卷调查企业总数的28%；比重达到3%~5%的有19家企业，占参与问卷调查企业总数的38%；比重低于3%的有17家企业，占参与问卷调查企业总数的34%。由此可见，璧山区的大部分企业虽较为重视知识产权研发，但仍有1/3的企业对知识产权研发的投入力度不足甚至有的企业对知识产权研发没有投入资金。其主要原因为璧山区高新技术企业的多元化。部分企业为高新技术企业，从事的精细化产品的生产对技术要求较高，因此企业对于知识产权研发的投入也相对较高，如重庆康佳光电技术研究院有限公司等；还存在一部分企业，其主要从事代加工、贴牌，自身核心技术不多，不存在强烈的意愿去投入更高的资金提升自身的基础设施和能力建设，进行知识产权创新，另外，其能够用于知识产权的资金投入不足，研发积极性有待提高，如重庆重玻节能玻璃有限公司。

(二) 企业知识产权保护能力维度

我们在实地走访调查过程中发现，璧山区多数企业知识产权保护能力较弱，主要体现在制度和实践两个方面。

在制度方面主要指璧山知识产权制度综合体系不健全，具体体现为企业自身知识产权制度体系不健全、知识产权公共服务体系不完善、知识产权市场化服务机构产业化程度不高、知识产权保护模式单一。

其一，企业自身知识产权制度体系不健全。大部分企业并未形成规范的知识产权制度体系，知识产权工作较为分散，没有集中的归口部门。比如，重庆市璧山区人民医院虽在科研办法中设有知识产权的制度，但在管理上较为分散，由科研处管理专利，由其他部门管理商标，并且缺乏保护商业秘密的制度。我们在实地调研中发现，由于企业普遍涉及商业秘密，而其现行的商业秘密保护制度存在保护范围界定不清、不规范等问题，这不仅难以防止技术人员流失，而且在发生诉讼时难以获得法律保护。

其二，知识产权公共服务体系不完善。璧山区尚未建立起综合的知识产权公共服务平台来集中整合知识产权公共信息资源，导致企业收集与获取成本较高。

其三，知识产权市场化服务机构的规模较小，专业水平及产业化程度较低。目前，璧山区知识产权代理机构较少，水平参差不齐，且大部分机构专业水平较低、撰写质量不高，部分企业反映，专利代理机构难以准确地理解技术问题，沟通效率低。专业服务机构提供投资融资、技术开发等服务较少，而且现有服务机构大多规模较小、分布比较分散，很难发挥集聚效应的作用，整合度较低。

其四，知识产权保护模式较单一。璧山区尚未建立可以集中进行快速审查、确权、维权的知识产权保护中心。

在实践方面主要指知识产权人员匮乏，宣传和培训力度不足，布局意识缺乏，以及预警机制缺失。

其一，有些企业内部因为没有知识产权专业人才，所以相关的专业工作会由其他人员兼任，如重庆金冠汽车制造股份有限公司。还有部分企业将知识产权相关工作打包交给知识产权代理机构，长此以往，不仅不利于企业对自身知识产权进行规范化管理，也难以在发生侵权纠纷时得到专业化的处理，保护自身的知识产权。部分企业甚至没有聘请法律顾问，当其遭受知识产权侵害时，只能聘请外部的专业人员来阻止侵害，以维护自身的合法权益，有的企业因为维权成本较高而放弃维权。

其二，缺少知识产权的宣传和培训。我们在调研中发现，部分企业存在参加知识产权培训的诉求，如重庆金冠汽车制造股份有限公司，但该公司既没有定期组织丰富多样的知识产权宣传活动，也缺乏通过网站等渠道媒体来及时、准确、快速地传递最新的知识产权工作动态的意识。此外，该公司的知识产权培训机制也尚未完善。还有一些企业既不太了解知识产权，也不知道应该如何保护知识产权。

其三，知识产权布局意识尚未形成。目前，璧山区高新技术企业对知识产权布局重视度普遍不足，大多还停留在积攒知识产权数量的基础阶段。课题组调研的公司中有80%以上没有发生过任何知识产权纠纷，导致其对知识产权普遍缺乏问题意识，并且企业自身所拥有的知识产权资源储备不足、质量不高，都会影响企业对已有的知识产权进行布局的积极性。而现实是由于缺乏布局意识很可能导致企业丧失自身的核心知识产权，陷入被动的局面，如重庆中铁任之养老产业有限公司的核心业务类别的商标被他人抢注。此外，部分企业涉及产品出口业务，且有计划扩大海外市场的份额，如重庆宇海精密制造股份有限公司、重庆大江动力设备制造有限公司、重庆天之道科技发展有限公司等。我们在实地调研中发现，这些企业明显缺乏知识产权海外布局意识，由于不同国家的知识产权政策和法律制度不同，因此，企业产品出口可能会面临知识产权侵权与被侵权、知识产权诉讼等风险。

其四，知识产权预警机制缺失。我们在实地调研中发现，璧山区部分企业涉及产品出口业务，却缺乏知识产权预警机制，一旦发生知识产权纠纷，就会陷入被动状态。由于没有专门的风险预警机构和平台来监测国际平台知识产权的发展趋势，因此，区内企业难以获得国际研发状况等信息来突破技术障碍、打破知识产权壁垒，从而降低知识产权风险，增强知识产权保护能力，增强企业的抗风险能力。

（三）企业知识产权管理能力维度

首先，企业知识产权管理布局意识停留在表面上。通过分析上述调研结果发现，有极少数企业没有知识产权工作方面的意识，仅有2%的企业的知识产权工作处于成熟期，剩余部分只有知识产权管理意识，在布局方面并没有进行更进一步的工作。璧山区坐拥四大产业集群，与专利、商标等知识产权内容密切相关，在四大产业稳步向前的现状下，加强企业知识产权管理与服务能够切实保护企业知识产权及企业自身利益。因此，进一步加强知识产权管理与服务能够提高企业的区域竞争力。

其次，企业知识产权战略规划制定不够深入。通过分析上述调研结果发现，虽然大部分企业都意识到了知识产权管理的必要性，但是参与答卷的企业中，大部分企业没有制定知识产权战略规划，已经建立规划的企业也仅制定了1～2年或是3～5年战略规划，目前尚没有企业制定国际化战略规划。虽然很多企业都有意识也愿意将知识产权上升到战略高度，但战略高度需要依靠企业内部知识产权制度体系去构建。当前，知识产权在很大程度上代表了一个企业的核心竞争力，因此企业的知识产权战略布局在日益激烈的市场竞争中显得尤为重要。但大部分企业都缺少知识产权专业人士，这导致企业从专利挖掘与布局、专利导航、风险预警与规避到员工知识产权培训等方面，都显得有些力不从心。

最后，企业的知识产权管理机构设置与人员配备不完善。通过分析上述调研结果发现，大部分企业没有设立独立的知识产权部门，而由专职的知识产权管理人员或者企业内部的法务或者技术人员兼职。"要坚持走中国特色自主创新道路，实施创新驱动发展战略"，自主创新的必要性由此体现。目前，尚在发展阶段的璧山区高新技术企业通常选择由知识产权代理企业代管或者公司内部管理人员兼职管理知识产权，因此在业绩考核上无法体现出知识产权相关项。相关管理制度的不完善导致知识产权管理浮于表面。

（四）企业知识产权运用能力维度

目前，我国已从以知识产权数量累积为主的起步阶段，进入以质量提升为目标的发展阶段，并且随着高价值专利越来越受重视以及司法保护的加强，无论是从政策端的大环境上，还是从经济发展端的转型需要上来说，知识产权运营都有着越发重要的作用和意义。

首先，企业知识产权运营缺乏市场化的眼光和思路。知识产权运营机构的主营业务不能以"低频"交易为主。计算机和互联网技术经过二十多年的高速发展，电商平台的商业模式在中国几乎已经发展到极致，各领域电商平台层出不穷，无论是综合性的还是垂直细分领域的电商平台，能够适应市场化发展并生存下来的，几乎都以包括"衣食住行"在内的"高频"交易为主营业务。如果仅以专利许可、转让、质押融资或者资产证券化这样的"低频"交易为主营业务，是很难在离开政府扶持后长期市场化生存的。知识产权运营机构要长期市场化生存，就必须以"高频"业务为主、"低频"业务为辅。在产品设计和服务提供上，需要与发生频次较高、企业较为刚需的因素相互结合。只有具备能够长期、稳定提供现金流的主营业务，知识产权运营机构才能长期市场化生存和发展。

其次，生产型企业挖掘专利能力欠缺，专利布局不够完善。对生产型企业来说，技术人员多是按照流程标准做事，而不是作研发，其对自身的定位不是创新主体，对于一些可能创新的技术点，也没有深入挖掘、撰写专利的意识，更谈不上归纳总结并形成清晰的技术脉络。在这种模式下，即使能提出大量的专利申请，也属于量大而质不高的情况。这一点与专利知识不足也有很大的关系，正是因为对专利的了解不足，才会产生专利必须是高大上的前沿黑科技的刻板印象，而对生产中能够解决技术问题、产出专利的技术内容视而不见，久而久之，与专利的距离就会越来越远。

四、璧山区高新技术企业知识产权能力提升对策

（一）政府层面提升对策

1. 营造知识产权文化氛围

知识产权文化作为一种"软"动力，在一定程度上影响着企业的创新能力，同时也是保障知识产权事业顺利发展的重要因素。企业对知识产权的重

要性认识不足，知识产权意识淡薄，不仅会影响璧山区知识产权事业的发展，而且可能造成璧山区高新技术企业的技术发展壁垒频现，在国际化过程中屡屡碰壁，从而蒙受了巨大的损失。营造良好的知识产权文化氛围，将有利于提高企业的知识产权创造能力。和谐的知识产权文化可以鼓励高新技术企业进行技术研发和申请知识产权，保护知识产权持有人的权益，有助于构建一个良好的知识产权生态系统。例如，良好的版权保护制度能够有效地防范社会上的盗版、剽窃和抄袭等现象。如果说知识产权制度是保护知识产权事业的"硬件"，那么和谐的知识产权文化则是"软件"，两者相辅相成，共同促进知识产权事业的发展。璧山区政府要在全区范围内形成一种良好的知识产权文化环境，就必须充分发挥其主导作用。首先，政府应坚持在教育系统里培养出具备知识产权文化的人才。其次，璧山区政府要通过宣传、培训等方式提升社会公民的知识产权文化水平。再次，璧山区政府要引导当地各个系统建立鼓励知识产权创造的机制。最后，璧山区政府要鼓励和引导当地引领创新的组织建立，同时建立完善的知识产权公共服务体系。

2. 培养知识产权人才

知识产权人才是能有效推动高新技术企业知识产权创造、运用、管理与保护的复合型人才，是璧山区高新技术企业知识产权保护能力提升的关键。璧山区要加大对高校教育的投入，既要加强知识产权法律方面的理论性教育，又要加强知识产权信息分析与预警、知识产权商业化等实践性教学，同时还要强化知识产权教育的实践性。璧山区要加强精通国内外知识产权法律制度的人才培养，为璧山区高新技术企业的国际化打下坚实的基础。同时，璧山区还应加强对知识产权行政管理、司法和战略研究等方面高层次的专门人才队伍的培养，为高新科技企业的知识产权战略规划提供指引。此外，政府还应大力培养从事专利信息分析、中介服务的专业骨干人才，确保高新技术企业在专利申请、技术转让等方面获得的服务。

3. 构建"金字塔"式知识产权服务平台

璧山区政府应进一步提升相关服务水平，构建"金字塔"式的知识产权服务平台，使企业能够更好地经营知识产权。璧山区高新技术企业对其知识产权信息的需求主要为知识产权的基本信息，极少数的需求为知识产权的深层信息。为此，璧山区应积极推动知识产权信息化建设，构建"金字塔"式信息服务平台。在"金字塔"的最底层，是璧山区有关部门设立或协助建设的"基础知识产权"公共服务平台，该平台面向社会公众及企业，让企业在任何时间、任何地点都可以查询到自己需要的知识产权的相关信息。"金字塔"的中间层是一个由高新技术企业所在行业构建的行业信息分析平台，这个平台面向本领域内的公司开放，披露并分析本领域内的国内外公司的知识产权信息，并对其进行加工处理，分析国内外的研发重点和技术发展趋势。位于"金字塔"顶层的是一个高端的服务平台，它可以是一个专业的知识产权服务机构，既可以达到商业化收费的目的，也可以满足一些高端用户的特殊需求，还可以根据具体的公司需求提供专业的服务。

4. 建立技术交易平台促进技术流动

通过对高新技术企业的知识产权能力的研究可以看出，制约其知识产权能力发展的障碍之一就是知识产权运用能力。璧山区政府可通过搭建一个技术交易平台，鼓励企业将自己的知识产权、技术等信息放到平台上以寻找技术需求者，从而在"供应商—平台—需求方"间开通一个良好的连接渠道，使技术和资金能够有效地结合起来，形成一个支撑平台，推动科技成果的产业化，并促进科技成果转化综合服务的发展。通过技术交易平台的搭建，可以大大提高技术的流通性，从而达到技术产业化的目的，提升知识产权的应用水平与价值，以及企业对知识产权的应用能力。

(二) 高新技术企业层面提升对策

1. 完善组织学习机制

高新技术企业的创新意识是高新技术企业知识产权意识的基础，建立健全企业组织的学习机制，将有利于企业技术创新产出，提升企业知识产权的能力。企业要统筹发展利用型与探索型学习。这对于企业突破当前技术瓶颈具有重要意义。其中，在利用型学习中，企业应充分挖掘现有知识的效用，立足企业原始技术，逐步发展，使其价值最大化；在探索型学习中，企业要以现有知识为中心，拓展知识的搜寻范围，发掘新的知识。

技术创新是璧山区高新技术企业知识产权能力的核心所在。璧山区高新技术企业应加大人力、物力、财力等方面的投资力度，以期能够更好地开展技术研究与开发。璧山区高新技术企业应允许职务发明人拥有一定的知识产权权利和收益，从而提高科研人员对于研发投入的积极性。

2. 完善知识产权保护机制

知识产权的保护机制主要有两种：一是风险预警机制，二是危机应对机制。知识产权风险预警属于事前行为，而危机应对属于事后行为。璧山区的高新技术企业应构建完善的知识产权保护体系，包括知识产权扩散预警系统、知识产权侵权预警系统和知识产权危机应对系统。在此基础上，还应明确在合理范围内的知识产权保护，并协调好保护强度与企业的技术创新能力。在此过程中，应当注意知识产权保护的边界。

3. 强化知识产权信息分析

璧山区的高新科技企业要重视已有的知识产权信息，加强对知识产权信息的分析，从而提升自己的知识产权管理水平。对知识产权信息进行分析，既能明确现有的发明创新信息，又能了解掌握技术的发展路径及研究热点。高新技术企业在开展科技研究与开发之前，应对其所拥有的知识产权信息进行全面的分析。在现有市场条件下，要尽量避免低级的、重复的研究与开发，以减少资源的浪费。通过对知识产权信息进行分析，企业还能更清楚地认识到技术的发展趋势。通过对竞争对手与领先企业的专利信息进行分析，能够发现竞争对手与领先企业的研发方向，从而适时地对自己的研发方向进行调整，防止技术滞后，并且在技术方面获得突破，从而达到技术的革命，开拓新市场，再将这个新市场逐渐转变为主流市场，最终形成一个完全主导的市场。

4. 健全知识产权运用模式

璧山区高新技术企业在技术创新方面存在着技术创新产出率高、技术创新转化率低以及技术浪费严重的问题。技术创新转化率低体现在知识产权行为上，即知识产权运用水平非常低。高新技术企业想要完善自己的知识产权运用模式，可以成立企业的技术转化中心、技术孵化中心，以此来打破过去依靠技术中介来使用知识产权的方式，提高科技创新成果的转化率。在采用技术标准下的技术专利池和专利组合的知识产权转移模式的同时，企业也要注意对其技术成熟度、专利价值进行评估，以减少在技术转让时由于价值评估不充分而导致的经济损失。另外，企业也可通过与其他企业组建技术联盟，相互间进行专利许可，从而减少研发费用，达到多赢、共赢的目的。

五、结语

本次调研以璧山区高质量创建国家知识产权示范城市为契机，在对璧山区四大产业中的高新技术企业知识产权定性分析和定量分析的基础上，梳理了该区高新技术企业面临的知识产权现状，明晰了该区高新技术企业存在的知识产权能力提升困境。并围绕知识产权的创造、保护、管理和运用能力，全方面、深层次地对璧山区高新技术企业知识产权现状进行剖析，从政府和企业两大层面有针对性地提出解决之策，以期帮助提升璧山区高新技术企业知识产权能力，以及增强知识产权核心竞争力，实现高水平科技自立自强，从而促进经济稳定增长和高质量发展。

参考文献

[1] 张明斗. 政府激励方式对高新技术企业创新质量的影响研究：促进效应还是挤出效应？[J]. 西南民族大学学报（人文社科版），2020，41（5）：122-134.

[2] 李西良，田力普，赵红. 高新技术企业知识产权能力测度研究：基于 DEMA-TEL-VIKOR 的指数模型［J]. 科研管理，2020，41（4）：270-279.

[3] 揭筱纹. 论西部高新技术产业与中小企业发展［J]. 电子科技大学学报，2002（3）：299-304.

[4] 金石开，罗宣政. 高新技术产业化发展要论、规律及对策［J]. 特区经济，2002（10）：20-22.

［5］李拓辰. 我国高新技术产业制约因素与发展对策研究［J］. 改革与战略，2007（12）：117-119.

［6］池仁勇，潘李鹏. 企业知识产权能力演化路径：基于战略导向视角［J］. 科研管理，2017，38（8）：117-125.

［7］于丽艳，曹晓宇，王岚. 企业知识产权能力演进阶段研究［J］. 科技管理研究，2021，41（6）：156-160.

［8］国家知识产权局.《关于推动科研组织知识产权高质量发展的指导意见》解读［EB/OL］.（2021-04-14）［2023-08-08］. https://www. cnipa. gov. cn/art/2021/4/14/art_66_158387. html.

［9］重庆市璧山区：科技创新促发展，产业升级谱新篇［EB/OL］.（2021-06-24）［2023-08-08］. http://cq. people. com. cn/n2/2021/0624/c365425-34792451. html.

［10］郭晶.“十四五”时期中国城市高质量发展的创新驱动体系构建［J］. 西南金融，2022（10）：31-42.

优化营商环境背景下
企业商业秘密保护的困境与对策[*]

——以上海市闵行区莘庄工业区企业为调研样本

一、引言

商业秘密关系到企业的生存发展，而企业对商业秘密保护的需求也日益凸显。2019 年 4 月，习近平主席在第二届"一带一路"国际合作高峰论坛演讲中，特别强调应不断完善商业秘密保护，依法严厉打击知识产权侵权行为。2022 年 11 月出台的《中华人民共和国反不正当竞争法（修订草案征求意见稿）》也直接提出：国家推动建立健全商业秘密自我保护、行政保护、司法保护一体的商业秘密保护体系。从本质上看，商业秘密是一种创造性权利，换言之，商业秘密权利无须由国家有关行政管理部门进行授权产生，只要权利人的某项经营信息或技术信息满足法律规定的要件，即可作为商业秘密享受法律保护。大多数企业由于缺乏专业的法律指导而无法将其经营信息或技术信息作为商业秘密享受法律保护。在商业秘密侵权纠纷案件中，原告方的败诉率居高不下。为此，有必要从企业风险控制和合规管理的角度出发，结合侵权行为类型，构建多层次、体系化的保护框架，以事前防范为主，以事中管理和事后救济为补充的管控思路，为企业应对商业秘密侵权提供具体措施。

———————————

  * 作者：任翙骏，上海对外经贸大学 2021 级法律硕士研究生；邢日玥，上海对外经贸大学 2021 级知识产权专业硕士研究生；季利纯，上海对外经贸大学 2021 级知识产权专业硕士研究生；卢心桥，上海对外经贸大学 2023 级知识产权专业硕士研究生；陶迎楠，上海对外经贸大学 2023 级知识产权专业硕士研究生；陈鑫，上海对外经贸大学 2023 级知识产权专业硕士研究生。

本调研报告共分为三部分。第一部分为调研情况说明。企业对商业秘密的自我保护是最基础、最核心的环节。聚焦国内，党的二十大报告指出，应加强知识产权法治保障，形成支持全面创新的基础制度。保护商业秘密就是助力创新发展。放眼国际，在涉外投资领域，商业秘密的立法保护已成为贸易各方关注的焦点。在当前的知识经济和网络信息时代，商业秘密不仅是企业竞争的核心要素，也是维护国家经济安全、技术安全和信息安全方面十分重要的战略资源。如今，上海市正在建设具有全球影响力的科技创新中心，有效保护商业秘密的需求更加迫切。闵行区作为创新企业聚集地，其商业秘密保护实践具有示范性意义。在此背景下，本调研运用法学、管理学、统计学等多学科交叉的研究方法，结合数字经济时代的发展规律，着眼于商业秘密的保护模式、技术转让的客体保护和流转规则以及多元纠纷解决机制的优化，构建企业商业秘密保护制度，以期切实加强知识产权法治保障，提升企业知识产权保护水平和核心竞争力。

第二部分为调研情况分析。随着经济信息化的发展，商业秘密对于企业的重要性进一步凸显，商业秘密侵权案件数量也逐年增加。通过调研数据可知，大部分企业的商业秘密保护意识增强，并能根据企业自身的实际情况和需求，逐步建立起商业秘密保护体系。目前，大多数企业普遍采用与员工或者合作方签署保密协议或竞业禁止协议的方式来约定商业秘密的保密义务，但实践效果并不理想，导致企业在商业秘密保护上处于被动的境地。本部分将结合调查问卷数据及实际调研的情况，分析企业现有商业秘密保护制度的空缺，为提出有针对性的建议打下基础。

第三部分为摆脱企业商业秘密保护困境建言献策。随着数字经济的迅猛发展，商业秘密作为重要的信息资源，在日益激烈的国内外竞争环境中，已然成为市场主体竞相争夺的对象，对其进行保护也是市场主体取得竞争优势的重要手段。本调研聚焦于企业层面的商业秘密管理问题，探讨保护制度的落实路径、降低商业秘密泄露风险的管理对策，从源头上遏制侵权行为的发生。同时制定企业数字化转型中商业秘密保护指导手册，以期指导企业快速建立和完善商业秘密管理制度。

二、调研情况说明

(一) 调研背景

上海正加快实施创新驱动发展战略,强化国际科创中心策源功能,开辟发展新领域新赛道,培育一流创新主体,着力建设具有全球影响力的科技创新中心。商业秘密是企业的重要知识产权与核心竞争力,更是建设科技创新中心的有力支撑。本项目围绕企业商业秘密保护中的难点和堵点进行深入调研,充分发挥专业优势,为企业商业秘密保护制度的完善和落实提供切实可行的解决方案,为优化上海营商环境提供高质量的智力支持。

当前,世界各国都在密切关注新一轮科技革命带来的发展机遇,着重发挥知识产权对创新发展的引领作用。在新形势下,知识产权正日益成为国际贸易的"标配"和大国博弈的"焦点"。从这个意义上讲,创新驱动就是知识产权驱动,即保护知识产权是实现创新发展的内在要求。进入新时代以来,习近平总书记就加强知识产权法治的重大问题作出了一系列精辟阐释和深刻分析,他在十九届中央政治局第二十五次集体学习时强调,"创新是引领发展的第一动力,保护知识产权就是保护创新""要强化知识产权全链条保护""要统筹推进知识产权领域国际合作和竞争""要维护知识产权领域国家安全"。商业秘密凝结了企业在生产经营活动中创造的智力成果,是企业的核心竞争力。完善商业秘密保护是优化投资环境的需要。习近平主席在第二届"一带一路"国际合作高峰论坛开幕式上的主旨演讲中,特别强调"完善商业秘密保护"不仅是我国优化外商投资环境、积极参与商业秘密国际保护的需要,更是促进我国企业应对国际竞争新形势的需要。2022 年 3 月,国家市场监管总局印发的《全国商业秘密保护创新试点工作方案》强调,加强商业秘密保护,是强化知识产权保护的重要内容,对于优化营商环境、激发市场主体活力和创造力以及提升国家整体竞争力具有重要意义。因此,知识产权将产业和企业的创新、研发、制造、营销等有效联结起来[1],商业秘密保护工作不仅关系到企业的创新发展,还关系到营商环境的建设,更与中国企业在国际竞争中的形象和信誉息息相关。

然而，目前，我国企业商业秘密的保护现状并不理想。首先，大部分企业缺乏关于商业秘密的法律知识，不能真正理解商业秘密的内涵。即使有些企业已经意识到保护商业秘密的重要性，但也不知如何有效保护。其次，有些企业虽采取了保护措施，但对商业秘密缺乏系统有效的保密制度。具体体现在侵权纠纷发生后，没有对商业秘密给予明确的保护，导致企业处于不利地位，难以获得法律上的支持。在众多知识产权案件中，商业秘密案件原告的败诉率是最高的。最后，虽然我国已经形成以《中华人民共和国反不正当竞争法》（以下简称《反不正当竞争法》）为主的商业秘密法律保护体系，但仍然存在商业秘密侵权行为尚未周延、除外条款略显保守、法律责任不够明晰等问题，难以满足企业商业秘密维权的需要，各种商业秘密保护问题亟待进一步解决。

（二）调研样本

上海系长江经济带中最大的国际经济中心、贸易中心、金融中心、航运中心以及科技创新中心，其法治建设始终走在全国前列。上海为了深入落实知识产权强国纲要与"十四五"规划，制定了《上海市知识产权强市建设纲要（2021—2035年）》《上海市知识产权保护和运用"十四五"规划》《上海市知识产权保护条例》和《关于强化知识产权保护的实施方案》，积极推进知识产权强市建设，推动知识产权高质量发展，打造国际知识产权保护高地和国际知识产权中心城市。当前，上海聚集了大量重点前沿领域的科技企业，海量的商业秘密亟待进一步加强保护。上海市市场监督管理局也充分重视商业秘密保护实践，探索保护商业秘密的有效方式，自2022年起，上海在全市范围内开展了商业秘密保护示范站（点）、商业秘密保护示范区的培育建设工作，目前已累计培育160余家。

在上海产业与科技创新的格局中，闵行区一直都是"实力担当"。该区已成为上海仅次于浦东新区的经济大区，也是国家G60、G50、G2高速走廊的起点。其全社会研发经费支出所占地区生产总值的比例保持在10%左右，位居上海市第一。闵行区政府充分意识到商业秘密保护的重要性，逐步建立

"政府引导、企业主导、部门协作、多方联动"的商业秘密保护长效机制。莘庄工业区是上海市人民政府于 1995 年 8 月批准成立的市级工业区,拥有高新技术企业 291 家、院士专家工作站 13 家、研发机构 83 家,已成为技术创新策源地、科技成果转化地、高端科创集聚地,也是全国首批 20 个商业秘密保护创新试点入选地区之一。2023 年,莘庄工业区各项科创数据均创历年同期新高——现有三年有效高新技术企业 388 家,其中 163 家为 2023 年新增;2023 年新增全球研发中心 1 家,同时还有 2 家国家级研发机构和 104 家市、区级研发中心,研发中心总量居全区第一;市、区级科技型小巨人共有 128 家,占全区总量的 19.5%;院士专家工作站 24 家,占全区总量的 21%;专精特新企业 111 家,占全区总量的 14.92%。

(三) 调研安排

上海市闵行区莘庄工业区企业商业秘密保护现状调研安排框架如图 1 所示。

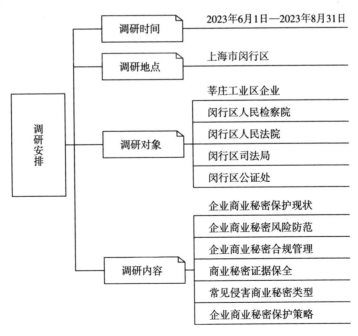

图 1 上海市闵行区莘庄工业区企业商业秘密保护现状调研安排框架

（四）调研方法

本项目在研究过程中采用了规范分析方法、实地调研法和比较分析方法，从商业秘密保护法律规定入手，对商业秘密的认定标准、侵权类型和我国司法实践进行了系统的阐述，并结合莘庄工业区企业商业秘密保护的现状，以及目前存在的实际问题，提出针对商业秘密侵权的有效措施，以期为企业商业秘密保护体系的构建提供参考。

1. 规范分析方法

结合商业秘密相关法律法规的具体规定，对企业商业秘密侵权行为进行类型化分析，并在此基础上从企业自身制度建设和法律规范完善两个方面提出加强企业商业秘密保护的建议。

2. 实地调研法

通过实地调研，对企业进行走访并发放问卷，与法院、检察院的工作人员进行会谈，深入了解企业商业秘密保护的难点及困境，在调研结束后，对资料进行归纳与整理，并根据现有研究分析总结问题根源，随之提出行之有效的解决措施。

3. 比较分析方法

本项目在立足我国当前商业秘密保护现状及存在问题的基础上，通过对域外相关立法进行比较，研究国内外商业秘密保护理论及实践中的异同，分析其优缺点并借鉴其中符合我国实际国情的部分，从而为企业商业秘密保护的完善提供新思路。

（五）调研成果与运用

调研成果转化运用，是开展调查研究的根本目的。除调研报告外，本次调研成果还包含了《美国商业秘密保护法研究》《德国商业秘密保护制度研究》《侵害商业秘密纠纷案例汇总分析》及《商业秘密侵权惩罚性赔偿问题研究》。为指导莘庄工业区企业建立和完善商业秘密管理制度，提高企业泄密风险应对能力、提升企业市场竞争力，并为支撑经济高质量发展贡献力量，调研组撰写并由莘庄司法所印发了《企业数字化转型中商业秘密保护指导手册》，在园区内反响热烈。为保证手册的实用性和指导性，调研组在调研的基础上与司法工作人员进行反复研讨，重点针对企业商业秘密保护组织、商业秘密保护客体范围、商业秘密保护措施、商业秘密侵权救济进行了编写，明确了企业组织、自查、定级、措施、培训、救济等方面的内容。手册经过多轮修改及征求意见后，已精简完善，并印发至莘庄工业区各企业，为园区商业秘密保护提供了坚实的制度保障。

三、调研情况分析

（一）商业秘密保护意识增强

知识产权既是企业的财富，又是企业获取竞争优势的重要方式，对知识产权特别是商业秘密来说，权利人的保护意识尤为重要。大多数企业根据自身的实际情况和需求，逐步建立起商业秘密保护体系及相关规定（见图2、图3）。企业管理者对于商业秘密之于企业的重要性认识增强，能够正确认识到商业秘密作为无形资产在生产经营、创新发展过程中所发挥的巨大价值（见图4）。

7.贵公司有无商业秘密价值评估体系或流程?［单选题］

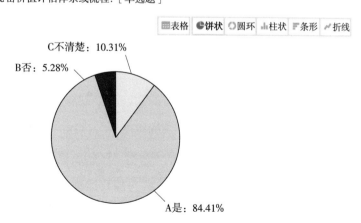

图2 公司有无商业秘密价值评估体系或流程回答统计

8.员工手册或公司规章制度中是否有关于商业秘密保护的规定？［单选题］

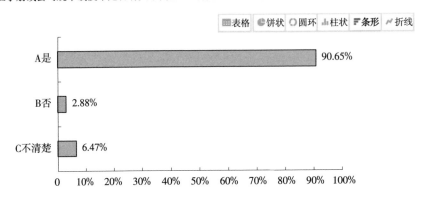

图3　员工手册或公司规章制度中是否有关于商业秘密保护的规定回答统计

17.您觉得贵公司是否重视商业秘密管理和保护？［单选题］

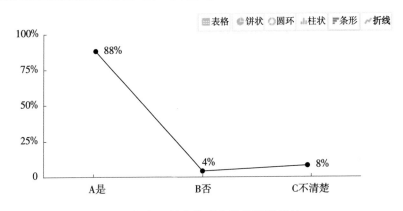

图4　公司是否重视商业秘密管理和保护回答统计

（二）对"商业秘密"法律内涵认识不清

在2019年《反不正当竞争法》的第二次修正中，将原来对商业秘密的定义从"技术信息和经营信息"修改为"技术信息、经营信息等商业信息"。其中，技术信息包括与技术有关的结构、植物新品种繁殖材料、计算机程序及其有关文档等信息，经营信息包括与经营活动有关的销售、客户、数据等信息。在调研中，我们发现有的企业认为自己不作研发就没有商业秘密，有的企业认为商业技术信息有较高的技术门槛，或者特指高精尖的技术。

对商业秘密的范围存在认知误区所导致的后果之一便是商业秘密保护方法失当。有些企业不分侧重，将其掌握的所有信息都作为商业秘密加以保护，从而导致企业经营成本增加；有些企业对自己有哪些商业秘密认识不够，对关键信息保护不力，对一些公知、公用信息却强加保护；有些企业虽然采取了保密措施，但保密的方法、手段与商业秘密的性质不适应，实际起不到保密的效果。

1. 未能准确理解"秘密性"要件

由图5可知，对于业务能力普通的人付出平均代价就能获得的信息是否属于商业秘密的回答存在分歧。在调研中，存在不少企业对自己有哪些商业秘密认识不够、对关键信息保护不力，却对一些公知公用信息强加保护的情况。归根结底，是企业未能准确理解商业秘密的"秘密性"要件。

11.您认为公司所处领域具有普通业务能力的人付出平均代价就能获得的信息是否属于商业秘密？[单选题]

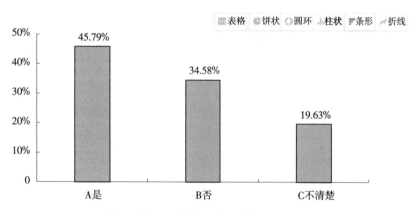

图5　关于秘密性要件回答统计

首先，商业秘密的核心在于其实际或潜在的经济价值，在发挥其价值的过程中，特定人员必然要接触、知晓、掌握、应用商业秘密包含的经营信息和技术信息。这种价值属性决定了判断秘密性主体标准的相对性和秘密状态的相对性。[2] 即商业秘密区别于其他信息的最根本属性在于秘密性，同时，其亦是决定信息能否构成商业秘密的最基础因素。一旦商业秘密丧失其秘密性，成为公知信息，权利人就从根本上失去了对有关信息的权利，并就此失去了法律的保护屏障，任何人都可以使用从公知领域获得的未被专利保护的技术信息以及其他信息，如果由此引发商业秘密之诉，那么其所有人必会败诉。因此，信息秘密性的有无直接决定权利的存废。

其次，根据《最高人民法院关于审理不正当竞争民事案件应用法律若干问题的解释》（以下简称《解释》）的规定，"秘密性"是指有关信息不为其所属领域的相关人员普遍知悉和容易获得。鉴于"不为普遍知悉"和"不为容易获得"均系不确定性的法律概念，为了增强实践判断的准确性，最高人民法院在《解释》中采用反面排除的方法列举了属于公众知悉信息的六种情形。其中第六种规定"该信息无需付出一定的代价而容易获得"，这实质上是从反面强调"构成商业秘密的信息获得要有一定的难度"。[3] 具体而言，如果相关人员不需要创造性劳动，仅仅通过一定的联想就能获得的信息，就是容易获得的信息；反之，若权利人为形成信息付出了一定的代价，其中包含着人类的劳动成本，则该信息就具有了值得法律保护的价值。需要注意的是，获得该信息有一定的难度是指该信息形成的过程相对困难，而非该信息形成之后他人获得该信息的难度。因此，该要件的目的是保护商业秘密所有人为获得商业秘密所花费的劳动成本。

最后，我国《最高人民法院关于审理侵犯商业秘密民事案件适用法律若干问题的规定》第四条第二款也规定："将为公众所知悉的信息进行整理、改进、加工后形成的新信息，符合本规定第三条规定的，应当认定该新信息不为公众所知悉。"从文义解释角度看，若以公众所知悉的信息为基础形成的新信息满足"不为所属领域的相关人员普遍知悉"和"不容易获得"的要件，则应当认定该信息符合"不为公众所知悉"的标准。例如，2003年，在北京市西城区人民法院判决的北京首例侵犯商业秘密刑事案件中，北京塞翁信息咨询服务中心（商业秘密权利人，以下简称塞翁公司）向客户提供一项信息产品——根据客户委托对某类产品或行业的国家政策、行业动态等数据从公开媒体上搜集并进行整理。从单条数据看，这些信息均来源于公开渠道，当然不属于商业秘密，但是大量的单条数据以特定方式排列组合构成的数据集合凝结着塞翁公司的劳动和成本，并不能通过公开渠道直接获得，因而属于

"不为公众所知悉"的信息。另外,在(2010)苏知民终字第 0179 号案中,法院认为,若孤立地看图纸上所记载的某一项技术信息,那么大部分零件的设计尺寸、公差配合等参数都能在相关国家标准和行业标准中找到,并且是所属领域技术人员的常规选择。但是若从设计整体过程看,这些参数需要设计人员根据机械产品实际状况和性能要求,通过一系列的计算来确定。故而,涉案图纸所记载的各技术信息的确切组合,是该产品设计人员特有的创造性劳动的结果,具有秘密性。上述案件皆体现了在认定"不为公众所知悉"时对信息整体性的考虑。

2. 保密措施"似有实无"

我们在调研中经常碰到这样的情况:企业在章程中对相关保密措施仅作原则性规定,未能采取与商业秘密相应的具体保密措施;仅对保密信息提出宽泛的保密要求,未对保密信息的具体内容、范围和保密措施作出相关规定,如未进一步明确商业秘密的知悉范围,对重要商业秘密采取一般性的保密措施等;企业没有对高管获知的商业秘密另行采取保密措施;企业认为对内措施能够对抗系列外部行为(比如拆解、破解)等。企业看似在章程中列举了很多保密措施,但是这些措施并不能起到其应有的保护作用,根本缘由是企业未能真正理解什么是保密措施。

保密措施是维持商业秘密秘密性的重要手段。商业秘密属于无形财产,其无形性决定了商业秘密极易被转移或扩散,且商业秘密一经公开则永久丧失其秘密性,因此权利人必须采取相应的保密措施以维持其商业秘密的秘密性。权利人在采取客观保密措施的同时,还应当具备保密的主观意识,保持主客观相一致。这是因为商业秘密的秘密性是通过采取保密措施得以维持的,权利人因该行为事实而获得权利,若权利人主观上没有保密意识,客观上未采取保密措施,获得权利的特定事实并不存在,则该信息不具备保护的必要性。这正是保密措施在商业秘密制度中的存在价值和作用。采取保密措施既是防范企业商业秘密泄露的重要手段,也是法院认定是否构成商业秘密的重要依据之一。

(1)有效性。采取的保密措施应与商业秘密信息和信息载体相关联,以他人采取正当手段难以获得为标准。商业秘密是一种技术信息、经营信息等商业信息，信息是抽象的，被记载或者体现在某种载体上，载体不是商业秘密，载体记载的有价值的信息才是秘密，因此权利人采取的保密措施需要围绕有形或者可被感知的载体，脱离了商业秘密载体采取的保密措施不具有效性。在（2021）最高法知民终 1440 号案中，法院认为针对技术图纸的内部保密措施与市场流通产品不具有关联性，不是针对市场流通产品作为技术秘密载体的"相应保密措施"，即其所采取的对内保密措施，如技术图纸管理规范、与前员工签订的保密协议，与涉案技术秘密载体相脱离，不具备关联性，因此不属于对本案产品所采取的"相应保密措施"。无独有偶，在（2020）最高法知民终 538 号案中，法院认为应明确"相应保密措施"与侵害权利人技术秘密的主张能否成立的关联性，济南思克测试技术有限公司所主张采取的"对内保密措施"与涉案技术秘密载体相脱离，不具备关联性，不属于《反不正当竞争法》规定的"相应保密措施"。因此，权利人所采取的保密措施应具体、特定，并与商业秘密及其载体相关联，不能抽象、宽泛、与商业秘密及载体相脱离。

（2）可识别性。采取的保密措施，应在通常情况下能够使他人意识到该信息是需要保密的信息。一般而言，权利人采取的签订与其主张的商业秘密相适应的保密协议、制订规章制度、设置保密标识和划分保密区域等措施均属于具体可感知的保密措施。在（2019）最高法知民终 562 号案中，终审法院综合考虑涉案商业技术秘密特性、所采取的保密措施的可识别性、权利人保密的主观意识、他人通过正当手段获得该技术秘密的难易程度等因素，认定广州天赐高新材料股份有限公司已经采取了合理的保密措施。但可识别性因素不是孤立的，仍然需要达到使他人意识到信息需要保密的程度。在（2021）粤 13 民终 6409 号案中，一审和终审法院认为虽然上诉人与小部分员工签订了保密协议，但是放置涉案设备的车间是开放式的，未签订保密协议的员工以及外来人员均可以接触到涉案设备。上诉人未对涉案设备采取比如限制接触等物理上的保护措施，未能够限制商业秘密的知悉范围。其措施并没有使他人意识到接触后需要承担保密义务，采取的保密措施也不足以确保涉案设备信息秘密不被第三人知悉，因此，不符合"合理保护措施"的构成条件。

（3）适当性。保密措施应当与保密信息为符合保密要求所需要达到的程度相适应。这需要在具体案件中个案判别。在（2020）最高法知民终 1667 号案中，法院认为由于权利人制定了文件控制程序、记录控制程序等管理性文件，对公司重要文件、设备进行了管理，由专人对文件的发放、回收进行管理和控制，并规定通过培训等方式向员工公开，表明其具有保密意愿且采取了保密措施，保密措施与涉案技术信息价值基本相适应，在客观上起到了保密效果。最高人民检察院发布的检例第 102 号"金义盈侵犯商业秘密案"的指导意义中指出，权利人是否采取了相应的保密措施，要注意审查权利人是否采取了《最高人民法院关于审理侵犯商业秘密民事案件适用法律若干问题的规定》第六条规定的保密措施，还要注意审查该保密措施与商业秘密的商业价值、重要程度是否相适应，是否得到实际执行。

因此，企业应明确作为商业秘密保护的信息范围即保密客体，避免在保密制度中单纯使用"经营秘密"或"技术秘密"的表述导致保密措施无效。同时，一般的竞业限制条款或法定的高管忠实勤勉义务，均不能体现用人单位对其主张的保密客体具备保密意识，主观构成要件的缺失使其不属于《反不正当竞争法》规定的保密措施。

3．价值性理解存在偏差

我们在调研中发现，不少企业对价值性理解存在误区，即有的企业认为商业秘密中的技术信息一定是有较高的技术门槛的，甚至有的企业认为具有价值性特指高精尖的技术。商业秘密的价值性是商业秘密的构成圭臬，具体指向商业秘密的现实或潜在商业价值，能为权利人带来经济利益或竞争优势。

一般来说，经济价值主要体现在以下三个方面：①机密性。商业秘密必须具备一定的机密性，即不为公众所知晓。只有少数人或特定群体掌握这些信息，才能充分保证其经济价值的存在和意义。②实用性。商业秘密必须是实用的，能够为企业提供一定的市场竞争优势。主要表现为技术的先进性、市场的敏感性、商业策略的独特性等。③稀缺性。商业秘密必须是稀缺的，即相同或类似的信息在市场上很难获取。只有信息的稀缺性才能使其成为企业所独有的竞争优势。

界定商业秘密的价值性还需要考虑信息的取得和保护情况。对于这一方面的评估主要涉及取得的合法性、保护措施的完备性以及投入成本和收益。

（1）取得的合法性。商业秘密的取得必须是合法的，不得侵犯他人的合法权益。如果商业秘密的获取具有不正当性，则无法获得司法对其价值性的认定。

（2）保护措施的完备性。企业对商业秘密的保护措施是判定其价值性的重要依据之一。如果企业没有采取合理的保密措施，不能保证商业秘密的机密性和稳定性，那么司法对其价值性的认定也将受到一定程度上的影响。

（3）投入成本和收益比。为保护商业秘密所投入的成本和获得的收益比是评估商业秘密价值性的重要因素。如在（2012）浦刑（知）初字第42号案中，法院认为："辉瑞公司投入的研发成本使得结构式及其合成信息本身即具有一定的价值，且为辉瑞公司带来研发上的领先优势，结构式在合成化合物后也因此而产生新的经济价值，可见具有价值性。"

此外，判定商业秘密的价值性还应考虑侵权行为和损害后果。具体而言，可以从以下三个方面进行分析。①侵权行为的严重性。商业秘密的价值性与侵权行为的严重性直接相关。侵权行为越严重，对商业秘密造成的损害越大，判定其价值性也就越高。②损害后果的程度。损害商业秘密所造成的后果也是判定其价值性的重要考量因素。如果商业秘密的泄漏或使用对企业造成了重大的经济损失或影响了企业的市场地位，那么其价值性必然会被认定为较高。③企业合法权益的受损程度。商业秘密的价值性还与企业合法权益的受损程度密切相关。如果企业的核心技术、商业机密等重要信息被泄露或滥用，那么将严重损害企业的正当利益。

商业秘密的价值性包括现实的价值性和潜在的价值性。前者涉及可以现实地直接应用的信息；后者涉及虽不能现实地直接应用，但将来可以应用的阶段性研发成果，如潜在的客户信息等。此外，具有价值的消极信息可构成商业秘密。消极信息是指对权利人而言，虽然不能够创造新的价值，但保守秘密可以维持其竞争优势的信息。比如权利人在研发过程中失败的实验记录，如让竞争对手获得，则竞争对手可以少走弯路，降低研发成本。若持续保持该失败实验记录的秘密性，则可以让权利人处于更好的竞争地位。在（2012）浦刑（知）初字第 42 号案中，法院认为对于合成失败的部分结构式，将此种消极信息直接应用于实践虽然无法直接取得现实的经济利益，但能够帮助拓宽研究思路，亦具有实用性和价值性。

（三）商业秘密具体客体界定不明

1. 客户名单的商业秘密保护要件界定不清

现代商业竞争中，客户名单能够为企业带来经济价值，总结近年来的商业秘密司法案例可知，客户名单已然成为诉争焦点。愈加频繁的人才流动，给客户名单的保护带来了极大的挑战。调查问卷显示（见图 6），大多数企业员工认为仅罗列名字或名称的客户名单就能构成商业秘密。但是，商业秘密中的客户名单是从大量普通民事主体信息中筛选、分离出的具有交易机会的少量客户，而筛选、分离的过程需要花费大量时间、资金与劳动，因而需要更高的成本。最高人民法院在 2017—2022 年审理的商业秘密侵权纠纷案件中涉及客户名单的案例有 17 例，其中，认定为构成商业秘密的有 12 例，占比70.58%。具体如表 1 所示。

9.您认为仅罗列名字或名称的客户名单能否构成商业秘密？［单选题］

选项	小计	比例
A 能	63	58.88%
B 不能	29	27.1%
C 不清楚	15	14.02%
本题有效填写人次	107	

图 6　关于客户名单能否构成商业秘密回答统计

表 1　司法实践中法院对客户信息的认定

裁判文书编号	文书类型	审级	裁判文书对客户信息的认定
（2017）最高法民申 1092 号	裁定	再审	再审认定涉案客户名单属于商业秘密
（2017）最高法民申 1650 号	裁定	再审	客户信息符合经营秘密条件，明确了客户信息的秘密点，对其经营信息采取了合理的保密措施
（2017）最高法民申 2945 号	裁定	再审	提供的现有证据不足以证明已就其主张的涉案商业秘密采取了合理的保密措施
（2018）最高法民申 1102 号	裁定	再审	再审认定涉案客户名单属于商业秘密
（2018）最高法民申 1273 号	裁定	再审	再审认定涉案客户名单属于商业秘密
（2018）最高法民申 1713 号	裁定	再审	对客户信息区别于公知信息并未举示充足的证据予以证明
（2018）最高法民申 4529 号	裁定	再审	具有明显区别于公有领域信息的特性，故符合不为公众所知悉的属性
（2018）最高法民申 4739 号	裁定	再审	客户名单属于《反不正当竞争法》保护的商业秘密
（2019）最高法民申 2794 号	裁定	再审	再审认定名单含有不为公众所知的信息，符合商业秘密的相关要件
（2019）最高法民申 268 号	判决	再审	再审认定涉案名单没有涵盖相关客户的具体交易习惯、意向等深度信息
（2020）最高法民申 401 号	裁定	再审	再审认定涉案客户名单属于商业秘密
（2020）最高法民申 4074 号	裁定	再审	原审判决据此认定百越公司的客户信息构成商业秘密，具有事实和法律依据
（2020）最高法民申 6592 号	裁定	再审	法院认为涉案客户名单属于法律规定的商业秘密
（2020）最高法知民终 1099 号	裁定	二审	法院认为涉案名单因不具备秘密性而不具备商业秘密构成要件
（2020）最高法知民终 1695 号	判决	二审	未能证明客户名单符合商业秘密不为公众所知悉
（2020）最高法知民终 726 号	判决	二审	客户信息具有不为公众所知悉的秘密性
（2022）最高法知民终 1078 号	判决	二审	法院认为涉案客户信息可以作为商业秘密客体进行保护

在上述被认定为构成商业秘密的 12 个案例中，法院对客户名单的商业秘

密保护要件进行了分析。权利人在主张商业秘密时,提交了证据展示客户名单,其中包含客户的交易习惯、意向、内容等深度信息。而在未被判定为商业秘密的 5 例中,有 4 例法院在审理时指出,其案涉的客户信息因为没有包含深度信息,进而不具有非公知性;有 1 例因被认定为没有采取合理的保密措施,所以不构成商业秘密。

作为经营秘密的客户信息,不能被简单理解成客户名称的列举,而应当是客户的综合信息,除了客户的名称,还包括客户的需求类型、需求习惯、经营规律、价格承受能力,甚至客户业务主管人员的个性等全面的信息。[4]由于权利人通过联络、洽谈,投入成本,与客户建立稳定的合作关系后,这些客户已经从市场上的不特定的客户群体中被提炼出来成为特定客户,并且相关客户信息不易从公开渠道获得,能够为权利人带来更多的交易机会,以获取经济收益,因此可以认为该客户信息具有秘密性和商业价值。值得注意的是,若客户基于对员工个人能力或信誉的信赖而与该员工所在单位建立合作关系,该员工离职后,能够证明客户自愿选择与该员工或者该员工所在的新单位进行交易的,应当认定该员工没有采用不正当手段获取原单位的商业秘密,个人信赖抗辩成立;但如果员工是利用原单位所提供的物质条件、商业信誉、交易平台等获得与客户交易机会的,则个人信赖抗辩不成立。

2. 创意能否作为商业秘密的保护客体认定不清

创意是《最高人民法院关于审理侵犯商业秘密民事案件适用法律若干问题的规定》新提出的一种商业秘密的客体类型,但是该规定仅将可能构成商业秘密的创意限制为"与经营活动有关",而对于何种创意可以受到商业秘密保护却没有规定,由此引发争议。在调研过程中,不少企业主张,由于一个与经营活动有关的产业创意的产生,往往需要企业投入大量的心血和时间,因此创意都应受到法律保护。

在我国的司法实践中,虽然确有极个别案例中认定创意可以构成商业秘密,但是绝大多数案例中认为法律不保护创意本身,而且允许合理借鉴和模仿他人创意。在(2013)民申字第 1640 号案中,原告主张的商业秘密包括《某国家领导人答外国元首和记者问》书稿的策划创意和编排体例。最高人民法院经审理后认为，以"国家领导人答记者问"为选题的图书，在图书出版市场上虽已存在，但具体以哪一位国家领导人为选题对象进行图书出版策划，不同的市场经营主体会有不同的选择。涉案书稿的策划创意、编排体例符合"不为公众所知悉"的条件。同时，考虑到涉案策划创意、编排体例亦符合"保密性"和"价值性"要求，因此可以将其作为商业秘密进行保护。

亦有不少案例中认为商业秘密应当为具体的、能够被有形载体固定的信息，但创意通常难以满足此要求，如表 2 所示。

表 2　法院主张创意无法作为商业秘密保护的案例

案号	裁判理由
（2010）昆知民初字第 18 号	商业秘密是商业经营中使用的信息，应当同时具备形式要件和实质要件。其形式要件为：一种具体的、能够被有形载体固定的信息，不能仅仅是停留在思维中的观念、计划或构思等不能固定的信息，固定方式可采取文字记载、录音录像、数字存储等
（2018）京 0105 民初 18924 号	价值性需要具有客观性、具体性及确定性。商业秘密应当是客观上有价值的信息，其价值性应当是具体的、具有实际内容的信息，而不是抽象的概念或原理；应当是可确定边界的信息，而不是内含及外延均无法界定的不确定信息
（2019）豫 01 知民初 324 号	商业秘密的价值性要求商业秘密必须转化为具体的、可以实施的方案或形式。从相反角度看，法律并不保护单纯的构想、大概的原理和抽象的概念。据此，某一信息如尚在摸索、未被具体化或在实际应用前，则不能被确定为商业秘密

在 Ehrreich 案中，雇主与员工协议约定，员工在雇主处工作期间以及离职后一年内来源于工作的任何发明及技术改进均属雇主所有。后在工作期间，员工提出研发一款含银量低于 10% 的塑料导电产品的想法，并对此进行试验，但均未获得成功。雇主认为此想法没有任何价值，未让员工继续进行相关试验。竞业限制协议到期后，员工与他人成立公司，并成功研发出含银量低于 10% 的塑料导电产品。法院认为，员工在雇主处获得的含银量低于 10% 的塑料导电产品的想法只是概念，并没有任何价值。该案从反面说明，若只有相关概念、想法和创意，但没有具体的操作细节，则可跳出"思想"，实现"表达"的商业秘密保护。

因此，创意成为商业秘密保护客体的要件就是需要具备具体性，要使创意脱离单纯的思想而归入表达的范畴，能通过各种形式表达于外，或者被人所见所闻，或者能够被人识别。[5] 此要件要求其应当具有相关的操作细节，至于"细"到何种程度，则需要结合个案进行判断。

3. 获得商业秘密保护的数据类型存在争议

数据作为一种企业获得利益的重要因素正逐渐成为公司之间相互角逐的主角。企业之间的竞争重心已经逐渐从资本竞争领域向信息竞争领域倾斜。很多企业在商业活动的过程中，会收集客户或用户的信息，并运用技术手段使之成为有利于公司的数据集合。《中华人民共和国民法典》第一百二十七条规定："法律对数据、网络虚拟财产的保护有规定的，依照其规定。"然而，我国目前尚未就数据单独立法，对于哪些信息可以作为"数据"获得法律保护尚不清楚。近年来，适用《反不正当竞争法》处理的与数据有关的纠纷，多发生在互联网企业之间，表现为非法抓取竞争对手的数据或者截取相关流量，数据内容多为用户的个人信息、发布的内容、大数据产品等。在这类纠纷中，适用《反不正当竞争法》原则性条款的较多，主张商业秘密保护的相对少见。并且原告败诉的案件数量远远大于胜诉的案件数量，这在很大程度上与案件标的未能被认定为商业秘密有关。[6] 但根据既往案例，可以明确的是数据可以构成商业秘密。

在大连倍通数据平台管理中心（以下简称信通数据）与崔××侵害技术秘密纠纷上诉案中，原告倍通数据的经营范围为数据处理、数据调研、商业项目服务，其在诉讼中已经明确了请求保护的涉案技术信息的载体为爬虫平台，具体内容包括数据库、系统源代码及内含资料。最高人民法院认为，上述内容符合商业秘密的特征。在衢州万联网络技术有限公司与周××等侵犯商业秘密纠纷案中，上海市高级人民法院认为数据库中的用户信息是涉案公司在长期的经营活动中形成的经营信息，能够体现其劳动成本，并不容易为相关领域的人员普遍知悉和容易获得；该用户信息能够体现其网站具有较大的用户群和访问量，这与网站的广告收入等经济利益密切相关；同时衢州万联网络技术有限公司也对上述用户信息采取了保密措施。综上所述，涉案注册用户信息能够被认定为商业秘密而依法受到保护，被告的行为系侵犯商业秘密行为。法院在判断企业数据是否构成商业秘密时，需要从涉案数据的类型及其与商业秘密要件的符合程度入手，而企业所拥有的非公开数据在很多情形下能够满足构成商业秘密的条件。上述两案说明，数据作为商业秘密保护的客体不存在法律障碍。

4. 商业模式的商业秘密可保护性尚未厘清

在调研过程中，有企业提出鉴于《反不正当竞争法》的适用规则，商业模式与商业创意存在一定的共性，以及商业模式对于日常商业活动的重要性，商业模式能否作为商业秘密得到保护。就我国司法实践而言，商业模式仅是一种商业预测和思考，既不具备知识产权制度所要求的与众不同的创新特征，也没有明确指引和实施业务流程所需的各种技术要求和商业细节[7]，因此，商业模式通常难以作为商业秘密得到保护，案例如表3所示。

表3 法院主张商业模式无法作为商业秘密保护的案例

结论	裁判理由
商业模式通常无法兼具"秘密性"和"价值性"，因此难以作为商业秘密得到保护	在（2015）陕民三终字第00033号案中，法院认为，商业模式本身不具备商业秘密的全部特征，不构成商业秘密，因为经营模式的价值必须在将该模式付诸实践后才可以体现出来，其价值性与不为公众知悉存在一定矛盾
商业模式通常无法体现为以有形载体固定的具体信息，因此难以作为商业秘密得到保护	在（2010）昆知民初字第18号案中，法院认为，经营模式无法用载体固定，是一种抽象的、存在于思维中的计划或构想，不满足商业秘密的形式要件。此外，相关公众通过观察、体验网吧终端发布的广告即可轻易了解此经营模式，从而难以满足商业秘密的实质要件

（四）企业维权困难

调查问卷显示（见图7），企业维权困难集中体现在获取证据困难、维权时间过长、维权成本过高和判决赔偿数额低等方面。

23.贵公司在商业秘密维权过程中有哪些困难？［多选题］

选项	小计	比例
A 获取证据困难	80	74.77%
B 维权时间过长	76	71.03%
C 维权成本过高	67	62.62%
D 判决赔偿数额低	34	31.78%
E 其他（填写具体困难）	7	6.54%
本题有效填写人次	107	

图7　关于企业在商业秘密维权过程中遇到的困难回答统计

1. 侵权隐蔽性高、防范难度高、泄露范围广

在数字经济时代，电子入侵区别于传统侵权手段的特点有：电子入侵隐蔽性高、防范难度高、泄露范围广。侵权人通过电子入侵手段获得企业的商业秘密后，企业通常难以及时发现，甚至企业在已经遭受重大损失后才会发现商业秘密泄露的情况。而基于电子网络的虚拟性，侵权人可能使用架设服务器、痕迹格式化等技术手段，导致企业难以确定侵权人的具体身份及定位。此外，基于网络的传播性，侵权人获得商业秘密后可以通过网络在全球范围内迅速转移、传播，从而导致商业秘密泄露的后果难以控制。从侵权主体角度看，相较于传统的商业秘密侵权主体，如企业的管理层、员工、中介机构以及竞争对手，数字经济企业的侵权主体范围呈现出扩大的趋势，即内部侵权主体还是以企业内部员工为主，而外部侵权主体的范围则从传统的直接竞争对手扩大至数字领域的相关主体，如黑客、软件工程师、云存储服务提供商以及其他使用同一云存储服务的用户等。这些均会导致证据获取困难，维权时间和成本投入过多。

2. 权利人举证困难

根据《反不正当竞争法》第三十二条的规定，商业秘密侵权案中初步的举证责任在被侵权人。近年来，在我国涉及商业秘密侵权的案件中，原告的胜诉率较低。在诉讼阶段，被侵权人不仅要提供证据证明"已经对所主张的商业秘密采取保密措施"以及"合理表明商业秘密被侵犯"，同时还要在后续

的诉讼过程中提交完整的、有逻辑的、客观的证据证明侵权人、侵权行为，以及侵权结果之间存在能够排除合理怀疑的逻辑联系。如此高的举证要求导致原告在商业秘密侵权案件中的胜诉率极低。

3. 判决赔偿数额低

在商业秘密侵权案件中，如何确定损害赔偿数额一直是司法实务中的重点和难点。根据我国现有商业秘密法律法规的规定，对商业秘密的民事损害赔偿一般采用以权利人的实际损失或侵权获利的方式计算。鉴于权利人举证困难，其实际损失以及侵权人的侵权获利往往难以确定，从而导致最终赔偿数额不高。

因为对惩罚性赔偿所要求的"恶意"且"情节严重"的适用条件较为严格，所以商业秘密侵权案件适用惩罚性赔偿制度难度较大。对相关案例进行检索，共筛选出 196 例，其中，仅 7 例与惩罚性赔偿有关，只有 2 例在判决中明确适用惩罚性赔偿，如表 4 所示。由此可见，在商业秘密侵权案件中，适用惩罚性赔偿的案件的占比非常低。

表 4　商业秘密侵权案件中适用惩罚性赔偿的案例

审理法院	案号	当事人是否诉求惩罚性赔偿	法院是否适用惩罚性赔偿	裁判结果及主要理由
浙江省宁波市中级人民法院	（2021）浙 02 民初 1093 号	是	是	适用惩罚性赔偿
广东省深圳市龙华区人民法院	（2021）粤 0309 号民初 1256 号	是	否	不构成商业秘密，驳回原告诉讼请求
最高人民法院	（2020）最高法知民终 726 号	是	否	侵权行为发生在《反不正当竞争法》修改之前，根据法不溯及既往的原则，本案不适用惩罚性赔偿

续表

审理法院	案号	当事人是否诉求惩罚性赔偿	法院是否适用惩罚性赔偿	裁判结果及主要理由
上海知识产权法院	（2020）沪73民终596号	是	否	因原告被侵权所受到的实际损失、被告侵权所获得的利益均难以确定，所以本案并不符合适用惩罚性赔偿的条件，但法院综合主观恶意和侵权情节程度适用带有惩罚性的法定赔偿
上海市高级人民法院	（2019）沪民终129号	是	否	原告主张其因技术秘密受到侵害造成巨大损失，但未提交任何有效证据予以证明。原告所主张的惩罚性赔偿适用问题，缺乏相应法律依据
最高人民法院	（2019）最高法知民终562号	是	是	适用惩罚性赔偿
最高人民法院	（2022）最高法知民辖终196号	是	—	管辖权异议之诉

四、对策建议

（一）关于企业商业秘密内部管理的建议

本部分在调研情况的基础上，结合司法案例，从商业秘密识别、管理组织、员工管理、载体设置、区域设置、信息管理、培训宣传七个方面，提出作好商业秘密管理的具体措施和办法，希望对企业完备自己的商业秘密管理体系有所帮助。

1. 识别何为商业秘密

商业秘密包括技术信息、经营信息等商业信息，不同企业会有不同的商业秘密。企业只有识别出商业秘密，才能制定出相应的保护措施。

（1）技术信息（见表5）。

表5　构成商业秘密的技术信息的表现形式

类别	表现形式
设计信息	设计图及其草案、模型、样板、设计方案、测试记录和数据等
采购技术信息	型号、牌号、定制品技术参数及价格、特别要求等
生产信息	产品的配方、工艺流程、技术参数、电子数据、作业指导书等
设备设施信息	涉密生产设备、仪器、夹具、模具等设备设施中的技术信息
软件程序	设计计划、设计方案、源代码、应用程序、电子数据等
其他	企业认为有必要采取保密措施的其他技术信息，如未公开的专利申报信息等

（2）经营信息（见表6）。

表6　构成商业秘密的经营信息的表现形式

类别	表现形式
管理文件	文件、规章制度等
决策信息	战略决策、管理方法等
研发信息	研发策略、研发经费预算等
采购经营信息	采购渠道、采购价格、采购计划、采购记录等
营销信息	营销策划、营销方案、营销政策、营销手册、物流信息、快递信息等
招投标信息	标书、标底等
财务信息	财务报表、财务分析、统计报表、预决算报告、各类账册、工资信息等
供应商和客户信息	名称、交易习惯、交提货方式、款项结算等
销售信息	销售记录、销售协议等
人力资源信息	员工名册、职位、联系方式等
其他	企业认为有必要采取保密措施的其他经营信息

　　企业应在识别商业秘密的基础上，对其进行分级管理。可将密级分为核心商业秘密、重要商业秘密、一般商业秘密三级。核心商业秘密是指直接影响公司利益的重要决策文件资料，一旦泄露会使公司的权益和利益遭受特别严重的损害。重要商业秘密是指与核心商业秘密同等重要，但保密级别和重要性略低的相关信息，一旦泄露会使公司的权益和利益遭受较大损害。一般

商业秘密是指除前述两项以外的公司内部不宜对外公开的资料和信息，仅限于内部员工查阅和使用。商业秘密文件重要性等级的确定可以由公司内部各部门举行会议开展调研，确定各部门内部重要文件等级，并将其汇总成为公司整体商业秘密等级文件，在此基础上发布相应文档管理细则，根据不同密级采取相应的保密措施，突出重点，确保核心商业秘密的安全。

2. 建立商业秘密管理组织

企业商业秘密管理的第一责任人是企业最高管理者，是企业的实际控制人。企业最高管理者应牵头成立商业秘密管理领导小组或者企业商业秘密管理委员会，作为企业最高商业秘密管理机构。人员组成应包括：管理层、各部门负责人等。此外，企业可以根据经营规模、实际运行情况设置专门的商业秘密管理部门，配备专业的专职工作人员，该专门机构可以称作"保密部门"。或在企业原有工作部门下加挂"保密办公室"，并由该部门承担企业商业秘密管理的具体工作。企业在必要时可以在商业秘密管理重点部门设保密专员，具体负责本部门商业秘密保护管理工作。保密部门或保密专员应充分利用报刊、广播、会议、培训、教育等形式，大力宣传商业秘密保护的意义、作用，增强全员的保密意识。

3. 制定企业员工商业秘密合规管理

涉密工作人员的管理要贯穿人员的招聘、入职、在职、离职全过程，但在不同过程中需要制定和完善不同的保密措施。

（1）招聘和入职管理。在招聘阶段，企业需对有相关工作经验的应聘人员进行商业秘密风险审查，审查的重点内容应包括：与原单位是否签订保密协议或竞业限制协议、是否收到履行竞业限制协议的通知等。在入职阶段，企业需要与入职员工签订保密协议、竞业限制协议，还应与有相关工作经验的员工签署不侵犯他人商业秘密承诺书等。企业应高度重视高级管理人员、高级技术人员，以及其他知悉核心、重要商业秘密的重点涉密岗位员工。在签订竞业限制协议时，应当秉持公平、合理的原则，不得违反法律法规的规定。竞业限制协议内容应当包括竞业限制的范围、地域、生效条件、期限、违约责任及经济补偿等。

（2）在职管理。企业应督促员工遵守企业商业秘密保护管理等相关制度文件，做好本岗位的商业秘密保护工作，定期对涉密员工进行监督检查。在章程中明确员工实施商业秘密保护奖惩措施，鼓励员工发现问题、提出建议，举报违反企业商业秘密保护管理规定的行为。如发生岗位变动，则企业应监督岗位变动的员工做好保密材料交接工作，并重新划分涉密类别与层级，及时进行涉密接触权限的调整。因员工岗位变动会引起其所接触的商业秘密范围变化，所以员工在调岗时需要重新签订保密协议。

（3）离职管理。企业应对离职员工进行商业秘密保密义务提醒，告知其负有保密义务，离职后不得侵害企业的商业秘密。离职交接期间，应对离职员工的办公设备进行清查，对涉密载体及复制品、相关物品进行盘点，督促员工交接涉密信息，返还或者按照要求销毁涉密载体。企业可以对涉密岗位员工离职后的去向进行定期追踪，掌握涉密岗位员工离职后履行保密协议、竞业限制协议的情况，及时掌握涉密信息泄露或者不当使用的线索。

4. 确定企业涉密载体管理

企业应加强对商业秘密载体的管理控制，确保涉密载体安全。涉密载体包括以文字、数据、视频和音频等方式记录商业秘密信息的各类纸质文件、存储介质等。涉密载体应妥善保存、归档登记。具体措施包括：涉密载体存放地点宜设为涉密重点区域，采取物理隔离的方式进行保护；涉密载体应实行标志管理，登记造册，并由专人管理，按权限使用，领用应履行登记手续，并严格控制使用范围；涉密载体进行维修、报废前，应履行审批手续，同时进行登记备案，并由专人拆卸涉密存储设备，或备份后删除涉密数据信息等。

5. 划分企业涉密区域管理

企业应识别商业秘密保护区域，并对涉密区域进行管理。

第一，应划分涉密区域。企业宜按照涉密信息及其载体的密级、性质等，将办公场所划分为涉密区域、办公区域、外部接待区域三级。下列部门或场所应列为涉密区域，采取涉密管理措施：①产品研发设计、实验室、重要生产场所、信息存储的数据中心等；②信息管理、财务、人力资源等部门；③涉密档案室，涉密产品、物品、载体等存放场所；④企业认为其他应列为涉密区域的场所。

第二，进行涉密区域管理。①物理隔离。所有涉密区域应采用门、墙、隔断等物理措施进行防护隔离，形成独立封闭的办公区域。②访问管理。对涉密区域人员进出实行登记管理，非经审批严禁外部人员进入涉密区域，非经审批涉密区域不得用于接待、会议等。涉密区域如需要接待外来人员，可指派专人全程陪同，并佩戴醒目的有特殊颜色和标记的工作牌，外来人员进入前宜做好安检工作，并禁止外来人员携带电子设备。③张贴标识。企业应在涉密区域的入口处张贴"非授权勿入""禁止携带违禁品""禁止拍摄"等禁止性警示标志。④安防配置。企业根据实际可在涉密区域出入口配备安保人员或在涉密区域配置视频监控、报警装置等设备，加强对涉密区域的安全防护。

6. 管理企业保密信息

企业应指定专人负责商业秘密信息的存档和保管工作，并根据商业秘密的密级、载体情况、管理条件等确定合适的存管方式。具体包括：使用保密柜等具有保密功能的设备存放涉密文件及载体；存放涉密载体的区域应配备监控摄像头、火灾报警等安防设备；通过编校审等书面签字审核流程或带有时间戳的电子审核流程，使商业秘密所涉文件成为受控文件；员工借阅其权限以外的商业秘密要经过审批。在此基础上，企业要完善申请专利、发表文章、对外讲课的保密审查流程，对撰写专利交底书、发表的文章、授课PPT的内容进行保密审查，避免泄密。

7. 开展企业保密培训与宣传

判断涉诉企业数据是否采取了保密措施十分关键，法律实践中是否将相关制度向雇员和被授权人清楚传达和公布是重要考察点。[8] 企业要定期对员工开展保密培训和教育，且保密培训的形式应具备多样性。企业还可以通过展板、视频等方式宣传保密管理，也可以定期聘请网络安全专家、商业秘密保护法律专家、合规专家等到企业开展讲座，进行网络安全技术、商业秘密保护、数据合规相关的宣传与案例学习，从而增强企业内部人员的网络安全意识、商业秘密保护意识、合规意识等。保密培训和保密宣传有助于企业形成保密文化氛围，降低泄密风险。

（二）关于企业商业秘密外部管理的建议

企业在对外经营及协作过程中可能会面临有关人员利用商务之便掌握商业秘密后向第三方泄密，或者利用其掌握的商业秘密成为潜在的竞争对手等情况，为了避免此类现象的发生，建议企业通过如表7所示的方式建立商业秘密外部维护机制。

表7　企业建立商业秘密外部维护机制的措施汇总

场景	措施
对外信息发布	应在信息对外发布前进行保密审查，对已发布的涉密信息进行有效追踪
采购、销售、委托开发、委托生产等商业活动	应将相关涉密信息予以遮挡或采用签订保密协议等方式降低泄密风险，并在协议履行过程中对涉密信息使用情况、涉密载体流转及泄密情况进行监督管理。企业在销售带有涉密信息产品或允许他人使用时，应适当标注"不得反向破解""不得进行反向工程"等字样，并在合同中约束对方。保留商务活动中涉商业秘密的成文信息和证据材料
技术合作	充分调查合作方的商业秘密管理能力，与对方签订保密协议，约定商业秘密的内容和归属、共同商业秘密管理、争议处理等内容。保留技术合作中涉商业秘密的成文信息和证据材料
并购重组	开展商业秘密尽职调查，在接洽前签署保密协议或保密承诺书。保留并购重组中涉商业秘密的成文信息和证据材料
国际业务	应调查对方国家关于商业秘密的法律法规及执行情况
许可转让	应明确当事人之间的权利义务和违约责任等

1. 完善对外发布信息的全流程监管措施

企业在依法进行信息公示的过程中应当注意把握信息公开与保护商业秘密的边界，完善对外发布信息的全流程监管措施，防范可能出现的商业秘密泄密。如果企业发现政府部门拟公布的信息涉及企业的商业秘密，应当及时与相关部门协商，以保护商业秘密为由申请不公开；如果企业发现政府部门已经公布的信息涉及企业商业秘密，可以向发布相关信息的部门申诉。在对外发布信息前进行保密审查，在对外发布信息后进行有效追踪。具体包括：

建立对外发布信息的保密审查责任制，明确对外发布信息的保密审批流程和责任人；严格规制对外发布信息的内容，重大信息发布前应经商业秘密保护管理部门或领导机构的审核，确保对外发布的信息不涉及企业任何商业秘密信息；严格规制对外信息发布的平台、账号管理，控制账号密码的知悉范围；做好涉密信息对外发布的保密审查相关记录的留存和备案工作，以便检查备案；应确保对对外发布的涉密信息进行经常性保密检查和有效追踪，发现问题及时采取补救措施。

2. 明确商务活动中的系统化保密措施

企业在采购、销售、委托开发、委托生产、展会等商业活动中，应明确采取相应的系统化保密措施降低泄密风险。包括：商务活动开展前，应进行保密审查，需要向对方或者第三方提供涉密信息的，应将相关涉密信息予以遮挡、隐藏或者采用签署保密协议等方式降低泄密风险；在协议履行过程中对涉密信息使用情况、涉密载体流转及泄密情况进行监督管理；在销售带有涉密信息产品或允许他人使用时，应适当标注"不得反向破解""不得进行反向工程"等字样，并在协议中作出约定；定期对协议履行过程中涉密信息的使用情况及泄露情况进行监督管理；在合同履行过程中应当妥善保管涉及商业秘密的物品和图纸，要注意在图纸、资料保管中所采取的保密措施是否有效、合理，对于图纸、资料的涉密人员范围、借阅和复印程序都应当加以约定。当商业秘密为方法时，应当特别约定实施方法时的现场维护。

3. 加强技术合作中的涉密信息管理

企业应加强技术合作的商业秘密保护管理，采取相应的保密措施降低泄密风险，包括：充分调查合作方的商业秘密管理能力及侵权风险，优先选择商业秘密管理制度健全、保密意识强以及无商业秘密诉讼纠纷的合作方；技术合作涉及商业秘密的，应对商业秘密开展尽职调查，对其经济价值及法律风险进行评估，并要求商业秘密所有人承诺其商业秘密不侵犯第三方任何权利；应约定背景商业秘密和共同开发、改进或二次开发中涉及商业秘密的内容和归属，必要时企业应与合作方签订保密协议，约定涉密内容和范围、保密义务、涉密载体、违约责任及争议处理等；保留技术合作中涉商业秘密的成文信息和证据材料。

4. 动态跟踪并购重组过程中涉密信息的管理

在并购或重组过程中，企业应首先开展商业秘密尽职调查，对其法律、经济价值及风险进行评估，审慎决定核心商业秘密是否应该提供给收购方或中介机构，评估商业信息交换的风险；其次，在接洽前签署保密协议或保密承诺书，约定涉密信息内容与范围、权利归属、利益分配方案、保密期限、违约责任及争议处理等；再次，在并购或重组过程中作好文件交接记录和会议纪要，形成保密文件清单，并根据需要按照交接目录收回已提供的文件和材料；最后，关注并购重组对象的涉密人员去向，做好保密跟踪工作并保留并购重组中涉商业秘密的成文信息和证据材料。

5. 建立涉外业务法律知识储备体系

国际贸易竞争日趋激烈，为在交易中占据有利地位，企业间涉及商业秘密的不正当竞争活动日益频繁，商业秘密泄露的案件屡见不鲜。如何避免和应对商业秘密纠纷，是国内企业"走出去"的过程中必须重视的问题。企业在发展国际业务时，应了解东道国关于商业秘密的法律法规及执法情况，必要时可咨询涉外律师，逐步建立涉外业务法律知识储备体系。具体措施包括：深入研究企业业务所涉国家法律法规及相关国际规则，全面掌握商业秘密禁止性规定及执行情况，必要时可委托专业的第三方机构或咨询当地专业人员；开展国际业务时应严格遵守相关业务所涉国家商业秘密法律法规和监管等的要求，建立评估体系，提高对企业商业秘密泄露和被控侵权风险的预判和管控能力；定期排查梳理国际业务中的商业秘密风险状况，重点关注重大决策、重大合作中的商业秘密泄露风险及侵权风险，及时报告、妥善处理，防止扩大蔓延。

6. 细化商业秘密交易中多类型保密义务

商业秘密作为一项知识产权，权利人有权向他人许可使用或转让该项商业秘密。在许可他人使用或转让商业秘密时，许可人与被许可人之间应当签署许可协议或转让协议。同时，双方当事人应当在协议中约定当事人之间的权利义务和违约责任等内容，特别注意要详细规定多类型保密义务以防止涉密信息的泄露。其中，让与人或许可人的主要义务包括：让与人应当是该商业秘密的合法拥有者，其应当保证在订立合同时该项商业秘密未被他人申请专利；按照约定提供技术资料以及技术指导；保证此项信息的秘密性、商业价值并已采取合理保密措施；承担合同当事人约定的保密义务。受让人或被许可人的主要义务包括：按照合同约定的目的与使用范围使用该商业秘密；按照合同约定支付相应费用，如使用费；承担合同约定的保守商业秘密等义务。

(三) 关于企业重要商业秘密保护的建议

1. 关于客户名单保护的建议

关于客户名单该如何进行保护，调研组进行了简单梳理，如图 8 所示。具体来说主要包括以下两个方面。

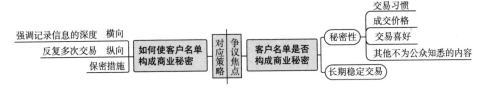

图 8　关于客户名单保护的建议梳理

(1) 针对证明"长期稳定交易"的事前举措：根据自身的业务特点，识别重要的客户；建立客户档案，除了记录客户的基本信息，更需要记录客户的采购规律、特殊要求、交易习惯、合作细节等内容；对为维系客户所付出的开支进行规范的保存与备案；对于可以重复交易的行业而言，应当对同一客户反复多次的交易进行完整记录，进一步证明本企业客户名单属于受法律保护的商业秘密。

(2) 针对客户名单管理所采取的必要保密措施：设置保密措施时，核心在于解决员工能否"接触"到客户名单的问题。在"接触"发生前，应当全面梳理企业业务流程，通过合理配置人员、完善内部制度、增强防泄露技术等方式，尽可能在事前避免对客户名单的不必要的接触；在发生侵权事件后，要全力调取证据，通过形成证据链的方式还原接触真相。具体包括：企业应与相对人签订保密协议或者在合同中约定保密义务，且应当写清楚"客户名单"属于保密内容；对客户档案进行访问授权管理，按最小化原则确定对客户档案的访问权限；为防止客户信息被意外泄露和故意窃取，应对客户信息的存储、传输、使用过程进行全生命周期保护；将接触、保存和使用客户信息的员工识别为相应级别的涉密人员，进行全聘任周期的保密管理。

2. 关于数据保护的建议

（1）数据合规识别。数据构成商业秘密的前提是必须具备"秘密性""价值性""保密性"三个条件。企业应当首先开展数据合规识别，即准确识别数据来源以及其是否具有风险。常见的数据风险包括数据全生命周期各阶段中可能存在的未授权收集、访问、数据滥用、数据泄露等风险，还包括侵犯个人信息、侵犯知识产权等刑事犯罪风险，企业应根据识别出的风险评估相关经营管理和业务行为是否合规。

（2）数据载体存储规范。对于数字经济企业而言，基于其生产要素的数字化、电子化，其商业秘密的存储脱离物理载体，例如电子合同、源代码、程序等商业秘密，均可能被统一"云"存储，即以代码数据的形式储存在云端服务器。鉴于此，应建立完善的商业秘密数据载体存储规范及制度。具体而言，企业应当对商业秘密进行分类识别，并根据等级将对应的商业秘密单独存储至电子载体中，避免不同等级的商业秘密混同存储的情况。同时，根据商业秘密的等级确定使用权限，对商业秘密进行文件加密、存储载体加密、反向工程预警、信息攻击预警、泄露自动应对、加注保密标注等。对于能够获取商业秘密的电子端口（包括但不限于电脑、U盘、程序、虚拟端口等），应当根据使用人的权限限制商业秘密的使用权限，防止第三方通过电子入侵手段非法获得商业秘密。此外，企业在制定完整的制度后应定期对内部人员进行培训，明确操作方式、程序等。同时，加强外部合作机构的保密管理，特别是云存储服务提供商、软件服务提供商等能够接触到商业秘密的机构，与其签订含有保密条款的服务协议，约定相关违约责任。企业可以聘请专业人员定期对企业商业秘密泄露风险进行评估并对相关载体进行维护，建立商业秘密泄露预警机制。当发生商业秘密泄露事件时，应当及时成立专项小组，多角度、多维度地进行补救,降低企业损失,维护企业的利益并立即开展维权工作。

(四) 关于企业商业秘密侵权风险防范及应急处置的建议

常见的商业秘密侵权通常包括非法获取信息、非法披露信息、不当使用或允许他人使用等情况,司法实践中常采取"接触 + 实质相同 - 合法来源"的规则予以判断。为了更好地预防及减少侵犯商业秘密情形的发生,企业应建立应急处置机制,加强对商业秘密的保密审查,并为后续的线索收集和调查取证提供便利条件。

1. 侵犯商业秘密的表现形式

商业秘密合规风险来源包括:①对交易的进行未开展尽职调查;②对录用的员工未开展背景调查;③委托他人开发相关技术时,对商业秘密权属约定不明;④对外活动中泄露商业秘密;⑤员工离职泄露商业秘密;⑥合作伙伴或竞争对手获取、披露或者使用商业秘密;⑦其他商业秘密合规风险。

常见的商业秘密泄露通道包括:①邮箱。利用电子邮件转移窃取公司资料。虽然很多企业不装软驱、光驱、USB 接口,但是无法避免员工通过电子邮件窃取信息。②外设。通过 U 盘、手机等外接 USB 存储设备将公司电脑文件复制带出,以及通过传真、打印、光驱等传输介质将商业秘密外发。③软件。通过网盘、论坛文件上传、FTP 文件上传、聊天软件发送文件等方式泄密。④录制设备。将 RF 监听器、SIM 卡式窃听器、Wi-Fi 式窃拍摄像头植入办公电脑、鼠标、键盘、路由器、打印机、投影仪等办公设备,或者隐藏到办公家具、绿植里进行商业窃密。

2. 侵犯商业秘密的法律后果

(1) 民事责任:包括消除危险、返还财产、排除妨碍、赔礼道歉、消除影响、停止侵害、损害赔偿等。

(2) 行政责任:由监督检查部门责令停止违法行为,没收违法所得,并处以相应罚款等。

(3) 刑事责任:包括有期徒刑、罚金等自由刑及财产刑。

3. 泄密事件应急处置预案

企业发现商业秘密被侵害的，其商业秘密保护部门或专员应认真比对分析对方技术（经营）信息与自己的商业秘密，看对方的内容特征是否与自己的商业秘密相同、相似或者实质来源于自己的商业秘密，以此确定侵害商业秘密是否成立。同时，对企业内部人员及设备展开排查，清楚了解员工在工作时间内对计算机等设备上的数据进行了哪些操作，锁定可能泄密的人员，追溯商业秘密可能泄露的途径。企业可指定专员负责受理商业秘密泄密事件，并公开专员的联系方式。企业应制定商业秘密泄密事件应急处置预案，建立应对处置流程，包括：①采取保护措施防止涉密信息进一步扩散，将损失与危害控制在最小范围内；②调查泄密原因、涉事人员以及事件责任人等；③收集并固定证据；④启动内部处罚或外部维权；⑤形成报告和改进方案。

4. 侵权证据收集与侵权行为评估

企业发现商业秘密可能被泄露或侵权时，应收集并固定以下证据：企业对其主张的商业秘密享有权利的证据，包括体现商业秘密的载体、电子数据、存证证明等，必要时要进行数据提取；企业对商业秘密采取保密措施的证据，包括保密制度、与员工签订的保密协议等其他保密措施；商业秘密不为公众所知悉的证据，必要时可委托鉴定机构出具非公知性鉴定报告；商业秘密具有经济价值的证据，包括商业秘密的现实价值与潜在价值，必要时可委托评估机构进行价值评估；泄密人员相关信息，包括身份信息、工作信息、财产信息等；商业秘密被侵犯的证据，包括被披露或被使用的证据、泄密途径等，必要时可委托鉴定机构进行鉴定；企业因侵权产生的损失以及侵权人的获利；企业为维权所支付的合理开支费用，包括律师费、公证费、鉴定费等其他为维权所支付的合理费用等。

企业应通过掌握下列内容对商业秘密被侵权的情况进行评估，包括：被侵犯的商业秘密的类别、范围、内容以及密级等；商业秘密被侵犯的方式、手段、性质以及持续时间；商业秘密被侵犯的程度，如被披露、公开、使用的地域范围、规模等；侵权人的身份情况、资金财产情况等；商业秘密被侵犯对企业造成的损害和影响；其他用来判定是否构成商业秘密侵权的因素。

5. 维权方案确定

根据侵权的类型不同，维权途径可分为：协商解决；向市场监督管理部门投诉；涉及劳动关系的可向劳动仲裁机构申请仲裁；根据仲裁条款或仲裁协议提请仲裁机构仲裁；向人民法院提起民事诉讼；向公安机关控告；申请人民检察院对商业秘密诉讼活动进行监督等。

维权方案可根据案件进展进行动态调整。企业在合规风险发生后，应及时分析风险发生的原因，寻找商业秘密管理制度中的缺漏和不足，完善相应的工作流程和工作环节，防止泄密情形再次发生。

参考文献

［1］李岩. 知识产权驱动创新发展［J］. 华东科技，2023（5）：5.

［2］北京市高级人民法院知识产权庭课题组.《反不正当竞争法》修改后商业秘密司法审判调研报告［J］. 电子知识产权，2019（11）：65-85.

［3］唐震. 商业秘密"无需付出一定代价而容易获得"的司法判断［J］. 人民司法，2015（22）：102-106.

［4］衣庆云. 客户名单的商业秘密属性［J］. 知识产权，2002（1）：39-42.

［5］刘知函. 选题创意法律保护的路径研究［J］. 科技与出版，2016（9）：55-59.

［6］邓社民，侯燕玲. 企业数据竞争法保护的现实困境及其出路［J］. 科技与法律（中英文），2021（5）：1-10.

［7］周围."互联网+"商业模式保护路径初探［J］. 兰州学刊，2019（9）：89-97.

［8］曹毅搏. 商业秘密视角下的企业数据管理机制构建［J］. 科学决策，2022（9）：137-146.

数据知识产权登记实施现状及制度完善策略

——基于八省市的调研数据*

一、数据知识产权登记：概念、平台与价值

2021年9月，中共中央、国务院印发《知识产权强国建设纲要（2021—2035年）》，提出“研究构建数据知识产权保护规则”，这是我国构建数据知识产权保护制度走出的“第一步”。2022年12月，颁布的《中共中央 国务院关于构建数据基础制度更好发挥数据要素作用的意见》（以下简称“数据二十条”）中也明确提出要“建立数据产权制度，研究数据产权登记新方式”，山东省、江苏省、浙江省、北京市、深圳市、贵州省、天津市、广东省、福建省①也随之出台了登记相关的规范性文件。

（一）数据知识产权登记制度的概念

我国数据要素市场化配置改革正在稳步前进，构建统一的数据要素登记制度已成为数据要素市场化发展的首要议题。根据数据要素价值链理论，可把数据资产区分为资源性数据资产和经营性数据资产。[1] 原始数据经过脱密

---

* 作者：李星乐，重庆理工大学重庆知识产权学院知识产权管理专业2023级硕士研究生；曹明霞，重庆理工大学重庆知识产权学院知识产权管理专业2022级硕士研究生；罗叶霖，重庆理工大学知识产权专业2021级本科生。本论文为2024年度重庆市知识产权软科学研究项目“数据登记分级分类实施机制研究”（CQIP-R-2024-14）的项目成果。

① 福建省知识产权保护中心发布了《数据知识产权登记服务流程》，但未进行网络公开。

等必要加工处理，数量庞大且具有潜在经济价值，属于资源性数据资产，常表现为数据集、数据接口等，而资源性数据资产处于数据价值链的上游位置；进一步产品化后在市场上作为商品流通的数据资源称为经营性数据资产，其常表现为数据报告、数据应用等，经营性数据资产在数据价值链中处于下游位置。资源性数据资产和经营性数据资产属于数据资产的两个不同层次，经营性数据资产是资源性数据资产经过转化后得到的。基于此，《全国统一数据资产登记体系建设白皮书》①将数据资产登记分为资源性数据资产登记和经营性数据资产登记。资源性数据资产登记是对资源性数据的物权及其事项进行登记的行为，数据知识产权登记机构依照法定程序将登记申请人资源性数据资产的物权事项记载在登记平台上，审核通过后申请人可获得登记机构颁发的数据知识产权登记证书，以此证书来"确权"所拥有的资源性数据；经营性数据资产登记是指在数据资产交易市场中对数据产品的物权以及交易行为进行登记的过程，数据知识产权登记机构依照数据登记操作规程将经营性数据资产的物权事项和交易记录记载并公示在平台系统中，以保证经营性数据资产权属和交易的真实性与可靠性。

（二）数据知识产权登记平台介绍

2022 年 12 月 23 日，国家开展数据产权的试点工作，北京市、上海市、江苏省、浙江省、福建省、山东省、广东省、深圳市 8 个省市成为数据知识产权工作的先行先试区域。截至 2023 年 9 月，先行试点的 8 个省市除上海市之外已经全部完成了数据知识产权登记平台的建设，天津市及贵州省也上线了相关登记平台，其中贵州登记平台处于试运行状态，数据暂未公开。数据知识产权登记平台的上线为明晰数据权益归属、促进数据流通交易、鼓励数据持有者创新使用提供了公信力背书的载体。目前上线的登记平台具备登记申请、数据公示、证书查询、操作指引、数据服务、数据交易、异议处理等

---

① 2022 年 8 月，上海数据交易所发布《全国统一数据资产登记体系建设白皮书》，其首次提出采用"七统一"原则建设全国统一数据资产登记体系和登记市场，即统一登记依据、统一登记机构、统一登记载体（平台系统）、统一登记程序、统一审查规则、统一登记证书、统一登记效力。

功能。

（三）数据知识产权登记制度的作用

数据知识产权登记制度具有多方面的重要作用，一是证明数据权属的功能。[2] "数据二十条"提出已探索建立新型数据产权制度并以此为基础和核心构建"三权分置"的数据市场流通机制①，数据知识产权登记制度被认为是新型数据产权制度的配套制度，证明功能属于数据财产权登记制度的首要功能，登记证书标明数据资产的类型及权利归属。[3] 二是增强交易监管的功能。通过公信力机构建设平台进行数据知识产权登记，有利于行政机关掌握数据知识产权登记的主体、对象、体量、来源等信息，从而加强对数据市场的监管，完善数据知识产权市场的准入制度和管理制度，维护数据资产的交易秩序。三是促进数据的交易和流通功能。在数据知识产权登记制度框架下，数据使用者通过公示平台，能够快速、便捷、清晰地了解到值得信赖、与需求匹配的数据资产信息，从而降低信息的筛选和传递成本，且为解决后续可能出现的数据资产纠纷提供初始证据，提高数据的交易和流通效率。

二、数据登记的调研维度：规范和实证

（一）各地现有登记政策分析

通过对《山东省数据知识产权登记管理规则（试行）》（以下简称《山东规则》）、《江苏省数据知识产权登记管理规则（试行）》（征求意见稿）（以下简称《江苏规则》）、《浙江省数据知识产权登记办法（试行）》（以下简称《浙江办法》）、《北京市数据知识产权登记管理办法（试行）》（以下简称《北京办法》）、《深圳市数据产权登记管理暂行办法》（以下简称《深圳

---

① 研究数据产权登记新方式。在保障安全的前提下，推动数据处理者依法依规对原始数据进行开发利用，支持数据处理者依法依规行使数据应用相关权利，促进数据使用价值复用与充分利用，促进数据使用权交换和市场化流通。审慎对待原始数据的流转交易行为。

办法》)、《贵州省数据要素登记管理办法（试行）》（征求意见稿）（以下简称《贵州办法》)、《天津市数据知识产权登记办法（试行）》（以下简称《天津办法》)、《广东省数据知识产权登记服务指引（试行）》（以下简称《广东指引》）内容的分析，得出各地登记办法的不同发展特点。

1. 登记程序

为规范数据知识产权的登记流程及推动数据知识产权登记公示后的交易流通，各地登记办法主要设置了提前进行数据公证存证、提出申请、登记审查、审查补正、审查公示、异议处理、发证及公告七大环节（见图1）。下面将对公证存证、登记审查、审查补正、异议处理、登记公示期及登记证书有效期作重点说明。

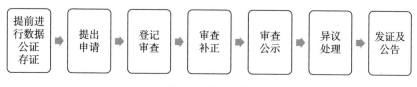

图 1　登记程序

（1）数据公证存证。在申请数据登记前，需要提前进行数据公证或利用区块链等可信技术进行存证，以确保数据可追溯，并且提供相关公证存证服务的平台机构应该具备可靠性。如《浙江办法》规定，"提供数据公证存证和可信技术存证的平台或者机构，应当符合国家法律法规规定，完善数据安全制度，建立必要的技术防护和运行管理体系"。《深圳办法》虽然没有要求登记主体提前对数据进行公证或存证，但是提出登记机构应当运用区块链等相关技术，对登记信息进行上链保存。

（2）登记审查。审查分为形式审查和实质性审查，形式审查指登记机构仅对申请材料是否齐全以及是否符合法律法规要求进行审查；实质性审查指登记机构对申请数据的真实性、合法性、有效性进行审查。《天津办法》《北京办法》《浙江办法》《江苏规则》规定登记机构仅进行形式审查，如《天津办法》规定，"登记平台依据本办法规定对数据知识产权登记申请事项进行形式审查"。《山东规则》提出登记平台运行管理机构自申请之日起十个工作日内，依据本规则对数据知识产权申请登记事项信息的完整性进行初审，将初审意见和申请登记事项信息报送至登记机构。登记机构自接收到初审意见之日起十个工作日内，依据本规则对数据知识产权申请登记事项信息进行复审。《贵州办法》《深圳办法》提出由第三方机构进行实质性审查，其中《深圳办法》明确规定申请材料中应该包括第三方服务机构出具的包含数据资源或数据产品真实性、合法性情况的实质性审核材料。

（3）审查补正。《天津办法》《深圳办法》《北京办法》《浙江办法》《江苏规则》《山东规则》允许对材料进行补正说明，如《浙江办法》规定，"登记平台应当通知申请人在十个工作日内进行补正修改或说明。无正当理由逾期不答复的，视为撤回登记申请"。《贵州办法》要求审查未通过需要修改后重新提出申请："审查未通过的，登记机构应当自作出决定之日起3个工作日内通知登记主体，并说明原因。登记主体可修改材料后再次提交登记申请。"

（4）异议处理。在公示期间任何单位或者个人都可以实名对数据知识产权登记内容提出异议，并提供相关材料进行证明，对于收到异议之后的处理时间也进行了详细规定。如《浙江办法》规定，"登记平台接到异议后，应当在三个工作日内将异议内容转送申请人；申请人可以向登记平台提交异议不成立的声明并提交必要的证据材料。登记平台根据双方提交的证据材料形成异议处理结果，并反馈申请人和异议人"。

（5）登记公示期。《北京办法》《天津办法》《江苏规则》《浙江办法》《山东规则》明确规定公示时间为十个工作日；《贵州办法》规定公示时间为三十个工作日；《广东指引》规定公示期为五个工作日，但在实际平台运营中公示期为十个工作日；《深圳办法》未提及登记公示时间。

（6）登记证书有效期。《浙江办法》和《北京办法》规定登记证书有效期为三年，自公告之日起计算；《贵州办法》规定证书有效期为两年，自发证之日起计算；《天津办法》规定证书有效期为两年，自公告之日起计算；《山东规则》规定登记证书有效期暂定为两年，自登记公告之日起计算；《深圳办法》《江苏规则》《广东办法》未提及登记证书有效期。

2. 登记内容

如表1、表2、表3所示，通过对各地登记办法的颁布时间、颁布部门、主要内容进行记录，对登记对象、登记主体、登记对象类型、登记类型、登记主体权利、登记审核进行提炼，对登记证书的法律效力进行总结，比较各地登记办法的内容规定，得出目前我国数据知识产权登记制度的总体"画像"，为进一步分析制度存在的问题提供思路。

表 1　各地登记办法的总体介绍

颁布时间	颁布部门	政策名称	主要内容
2023-04-07	江苏省知识产权局	《江苏省数据知识产权登记管理规则（试行）》（征求意见稿）	登记规范及管理方法
2023-05-26	浙江省市场监督管理局等①	《浙江省数据知识产权登记办法（试行）》	登记流程及监管办法
2023-05-30	北京市知识产权局等②	《北京市数据知识产权登记管理办法（试行）》	登记内容、程序及对数据的保护和利用
2023-06-15	深圳市发展和改革委员会	《深圳市数据产权登记管理暂行办法》	登记流程及各类登记行为
2023-08-31	贵州省大数据发展管理局	《贵州省数据要素登记管理办法（试行）》（征求意见稿）	登记流程及登记类型
2024-01-08	天津市知识产权局等③	《天津市数据知识产权登记办法（试行）》	登记流程及规则
2023-09-14	广东省知识产权保护中心	《广东省数据知识产权登记服务指引（试行）》	适用范围、登记流程和管理
2023-10-16	山东省市场监督管理局等④	《山东省数据知识产权登记管理规则（试行）》	登记流程及管理服务

---

① 颁布部门包括浙江省市场监督管理局、中共浙江省委网络安全和信息化委员会办公室、浙江省发展和改革委员会、浙江省经济和信息厅、浙江省司法厅、浙江省商务厅、浙江省大数据发展管理局、浙江省高级人民法院、浙江省人民检察院、中国人民银行杭州中心支行、中国银保监会浙江监管局。

② 颁布部门包括北京市知识产权局、北京市经济和信息化局、北京市商务局、北京市人民检察院。

③ 颁布部门包括天津市知识产权局、天津市人民检察院、天津市公安局、天津市市场监督管理委员会、天津市文化和旅游局、天津市版权局。

④ 颁布部门包括山东省市场监督管理局、中共山东省委网络安全和信息化委员会办公室、山东省高级人民法院、山东省发展和改革委员会、山东省工业和信息化厅、山东省大数据局。

表2 各地登记办法的主要内容

登记办法	登记对象	登记主体	登记对象类型	登记类型	登记主体权利	登记审核
《江苏省数据知识产权登记管理规则（试行）》（征求意见稿）	对依法取得的数据进行实质性处理或创造性劳动获得的具有实用价值和智力成果属性的数据集	数据持有人或处理者	—	设立、注销、变更登记	依法持有数据并对数据行使权利	形式
《浙江省数据知识产权登记办法（试行）》	依法收集、经过一定算法加工、具有实用价值和智力成果属性的数据	依法依规处理数据的单位或个人	应用数据	首次、撤销、注销、变更登记	数据流通交易、收益分配和权益保护	形式
《北京市数据知识产权登记管理办法（试行）》	经过一定规则或算法处理的、具有商业价值及智力成果属性的处于未公开的数据集合	依法依规或者合同约定持有或者处理数据的主体	应用数据	初始、注销、变更、委托、续展登记	依法依规加工使用、获取收益等权益	形式
《深圳市数据产权登记管理暂行办法》	合法取得的数据资源或数据产品	完成登记，取得相关登记证明的自然人、法人或非法人组织	数据集、数据分析报告、数据可视化产品、数据指数、应用程序编程接口、加密数据等	首次、许可、转移、变更、注销、异议登记	持有、加工使用和数据产品经营权利	形式、实质
《贵州省数据要素登记管理办法（试行）》（征求意见稿）	汇聚、整理、加工形成的数据要素	向登记机构发起登记行为的自然人、法人和其他组织	数据资源、算法模型、算力资源、数据产品	初始、交易、信托、变更、注销、撤销、续展登记	持有、加工、使用、经营权益；财产性权益	形式、实质

登记办法	登记对象	登记主体	登记对象类型	登记类型	登记主体权利	登记审核
《天津市数据知识产权登记办法（试行）》	具有商业价值及智力成果属性的处于未公开状态的数据集合	依法依规或者合同约定持有或者处理数据的主体	应用数据	初始、委托、撤回、注销、变更、续展登记	依法依规加工使用、流通交易、收益分配和权益保护	形式
《广东省数据知识产权登记服务指引（试行）》	依法依规获取的、经过一定规则处理形成的、具有商业价值的数据集合	数据处理者：对数据集合作出创造性劳动和其他要素贡献的自然人、法人或非法人组织	应用数据	初始、撤销、变更、注销登记	—	形式
《山东省数据知识产权登记管理规则（试行）》	依法依规获取，经过一定规则处理形成的，具有实用价值、智力成果属性及非公开性的数据集合	完成数据知识产权登记并取得登记证书的自然人、法人或非法人组织	应用数据	初次、注销、续展、变更、备案、撤销	自主管控、加工使用、经营许可和获得收益等权益	形式、实质

表3 各地登记证书的法律效力

登记办法	法律效力
《广东省数据知识产权登记服务指引（试行）》	—
《贵州省数据要素登记管理办法（试行）》（征求意见稿）	登记凭证作为登记主体开展数据流通交易、数据资产质押贷款、数据资产入表、数据信托、争议仲裁、数据要素型企业认定、数据生产要素核算的依据

登记办法	法律效力
《天津市数据知识产权登记办法（试行）》	登记主体依法持有数据并对数据行使权益的初步凭证，用于数据加工使用、流通交易、收益分配和权益保护。鼓励数据处理者及时登记数据知识产权，通过质押、交易、许可等多种方式加强登记证书的使用，保护自身合法权益，促进数据创新开发、传播利用和价值实现
《深圳市数据产权登记管理暂行办法》	经登记机构审核后获取的数据资源或数据产品登记证书、数据资源许可凭证，可作为数据交易、融资抵押、数据资产入表、会计核算、争议仲裁的依据
《北京市数据知识产权登记管理办法（试行）》	享有依法依规加工使用、获取收益等权益。鼓励推进登记证书促进数据创新开发、传播利用和价值实现，应当积极推进登记证书在行政执法、司法审判、法律监督中的运用，充分发挥登记证书证明效力，强化数据知识产权保护，切实保护数据处理者的合法权益
《浙江省数据知识产权登记办法（试行）》	登记证书可以作为持有相应数据的初步证明，用于数据流通交易、收益分配和权益保护。鼓励数据处理者及时登记数据知识产权，通过质押、交易、许可等多种方式加强登记证书的使用，保护自身合法权益，促进数据创新开发、传播利用和价值实现
《江苏省数据知识产权登记管理规则（试行）》（征求意见稿）	数据知识产权登记证书是权利人依法持有数据并对数据行使权利的合法凭证，有相反证据予以推翻的除外
《山东省数据知识产权登记管理规则（试行）》	登记证书是登记主体持有数据知识产权并对数据知识产权行使权利的凭证，用以明确数据产权归属、权益边界、权属状态，以及服务数据权益司法保护和行政保护实践

（二）各地现有登记数据分析

图 2 选取了深圳市、浙江省、山东省等八省市作为数据知识产权登记的研究对象，其数据知识产权登记分析如下。

（1）八省市数据知识产权登记平台以及创建主体。深圳市是由深圳市标准技术研究院创建的，称为"深圳市数据知识产权登记系统"；浙江省是由浙江省市场监督管理局（省知识产权局）联合省委网信办等 11 个部门创建的，称为"浙江省数据知识产权登记平台"；山东省是由山东数据交易公司创建的，称为"山东省数据（产品）登记平台"；北京市是由北京市知识产权保护中心创建的，称为"北京市数据知识产权登记平台"；江苏省是由江苏省知识产权保护中心创建的，称为"江苏省数据知识产权登记系统"；广东省是由广东省知识产权保护中心创建的，称为"广东省数据知识产权存证登记平台"；福建省是由福建省市场监督管理局（知识产权局）创建的，称为"福建省数据知识产权登记存证平台"；天津市是由天津市知识产权局、天津产权交易中心和滨海高新区三方合作创建的，称为"天津数据知识产权登记流通平台"。

（2）八省市数据知识产权登记数量。由图2可知，深圳市数据知识产权总登记数量为85条，浙江省数据知识产权总登记数量为236条，山东省数据知识产权总登记数量为330条，北京市数据知识产权总登记数量为26条，江苏省数据知识产权总登记数量为122条，广东省数据知识产权总登记数量为1条，福建省数据知识产权总登记数量为533条，天津市数据知识产权总登记数量为0。

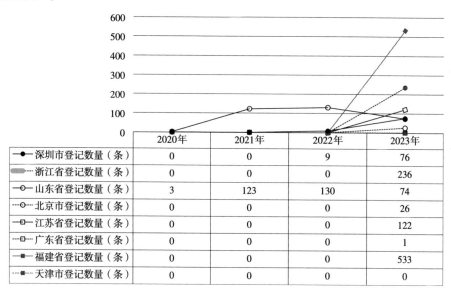

	2020年	2021年	2022年	2023年
●—深圳市登记数量（条）	0	0	9	76
▬▬浙江省登记数量（条）	0	0	0	236
○—山东省登记数量（条）	3	123	130	74
○┄北京市登记数量（条）	0	0	0	26
□┄江苏省登记数量（条）	0	0	0	122
◇┄广东省登记数量（条）	0	0	0	1
■—福建省登记数量（条）	0	0	0	533
▬┄天津市登记数量（条）	0	0	0	0

图2 深圳市等八省市数据知识产权登记数量

截至2023年9月17日，八省市数据知识产权登记源数据来源分析如下。

（1）八省市数据来源。由图3可知，八省市数据知识产权登记源数据来源有七类，分别为自有/自采数据、交易所得和原始取得等。第一，自有/自采数据。自有/自采数据是指通过数据清洗、数据挖掘等方式获得的数据，目前，福建省数据知识产权登记源数据来源为自有/自采数据在八省市中所占比例最高。第二，原始取得和收集。原始取得是指获取的未经处理的数据，而收集是指获取的数据是公开采集其他人的，但目前只有山东省数据知识产权登记源数据来源涉及原始取得这一途径。第三，企业数据。目前数据知识产权登记源数据来源为企业数据的只有浙江省和天津市，且浙江省所占比重较大。第四，交易所得。目前，数据知识产权登记源数据来源通过交易获取的只有深圳市、山东省和北京市，但北京市所占比重较小，深圳市和山东省所占比重不相上下。

（2）八省市各数据来源占比。通过统计八省市各数据来源占各自省市数据来源总量的比例（见图4）发现，第一，目前，浙江省、福建省、广东省和天津市数据知识产权登记源数据来源分别为自有/自采数据、收集和企业数据，占比皆为100%。第二，深圳市和北京市数据知识产权登记源数据来源皆为自有/自采数据和交易所得，且北京市自有/自采数据占其省市数据来源总量的96.15%，深圳市自有/自采数据占其省市数据来源总量的90.6%。第三，目前，仅有江苏省数据知识产权登记源数据来源涉及授权数据，但仅占其省市数据来源总量的9.02%。第四，目前，仅有山东省数据知识产权登记源数据来源涉及原始取得，且山东省原始取得数据占比达到其省市数据来源总量的32.42%。

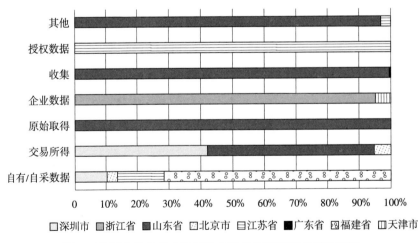

图3 深圳市等八省市数据知识产权登记源数据来源对比

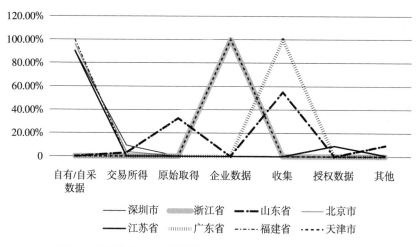

图 4　深圳市等八省市数据知识产权登记源数据来源占比

深圳市数据知识产权登记系统于 2022 年 11 月 29 日正式上线，且于 2022 年 12 月 9 日公布了首份数据知识产权登记证书。从深圳市数据知识产权登记系统可知，截至 2023 年 9 月 17 日，该平台共有 85 条数据知识产权登记完成。深圳市数据知识产权登记分析如下。第一，数据登记数量。由图 5 可知，该系统自开放数据知识产权线上登记后共有 85 条数据已颁布数据产权证书，其中，2022 年数据登记数量为 9 条，2023 年数据登记数量为 76 条。第二，数据来源。通过该登记系统查看数据登记信息发现，该平台数据知识产权登记来源主要为交易所得和自有/自采数据，其中，自有/自采数据占该数据来源的 90.6%，而交易所得数据仅占该数据来源的 9.4%。第三，数据登记条数。通过该登记系统查看数据登记信息发现，深圳市数据知识产权登记平台已颁布的 85 份数据产权证书中，深圳市前海数据服务有限公司于 2023 年 1 月登记的企业专利数据已达到 1611275160790671360 条，为该系统登记数据体量最高的一家企业；而广东省坤舆数聚科技有限公司于 2022 年 12 月登记的水体环境检测产品数据仅为 20 条，为该系统登记数据体量最低的一家企业。第四，数据登记活跃度。由图 5 可知，深圳市数据知识产权登记月活跃度呈波动趋势，其中，2023 年 3 月数据登记量为 28 条，其数据知识产权登记活跃度达到顶峰。

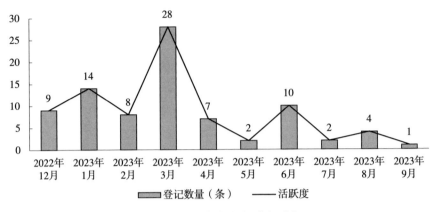

图 5　深圳市数据知识产权登记

浙江省数据知识产权登记平台于 2023 年 4 月 26 日正式上线，且于 2023 年 6 月 8 日公布了首份数据知识产权登记证书。从浙江省数据知识产权登记平台可知，截至 2023 年 9 月 17 日，该平台共有 236 条数据知识产权登记完成。浙江省数据知识产权登记分析如下。第一，数据登记数量和活跃度。由图 6 可知，自 2023 年 6 月起，该平台数据知识产权登记数量逐步上升，其登记活跃度更是呈逐步增长趋势。第二，数据来源。通过该登记平台查看数据登记信息发现，该平台数据知识产权登记来源均为企业数据。第三，数据体量。通过该登记平台查看数据登记信息发现，该平台数据知识产权登记体量在 10 万条以上的申请主体仅有 13 家，而在 5000 条以内的申请主体有 157 家。

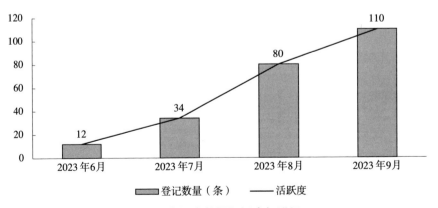

图 6　浙江省数据知识产权登记

山东省数据（产品）登记平台于 2020 年 11 月 13 日正式上线，且于 2020 年 12 月 18 日公布了首份数据知识产权登记证书。从山东省数据（产品）登记平台可知，截至 2023 年 9 月 17 日，山东省数据（产品）登记平台共有 330 条数据知识产权登记完成。山东省数据知识产权登记分析如下。第一，数据登记数量。由图 7 可知，该平台数据知识产权登记分为主平台登记和分平台登记。其中，主平台数据知识产权总登记数量为 285 条，而分平台是山东省为助力地市发展数据要素，与烟台市、济南市等地搭建的地市数据登记分平台，故数据知识产权总登记数量较低，仅为 45 条。第二，数据登记活跃度。由图 8 和图 9 可知，山东省数据知识产权登记活跃度呈波动趋势。其中，主平台数据登记最为活跃期在 2022 年 12 月，且数据登记数量达到 84 条；分平台数据登记最为活跃期在 2023 年 7 月，且数据登记数量达到 12 条。第三，数据来源。通过该登记平台查看数据登记信息发现，该登记平台数据知识产权登记来源主要为收集、原始取得、交易所得和其他等，其中收集约占该数据来源的 55%，原始取得约占该数据来源的 32%。第四，数据体量。因该登记平台并未对数据体量作登记要求，故数据体量无从得知。

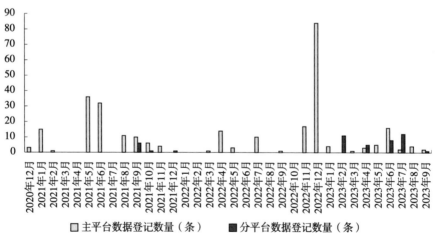

图 7　山东省数据知识产权登记

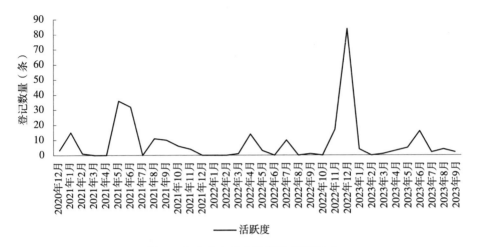

图 8　山东省主平台数据登记活跃度

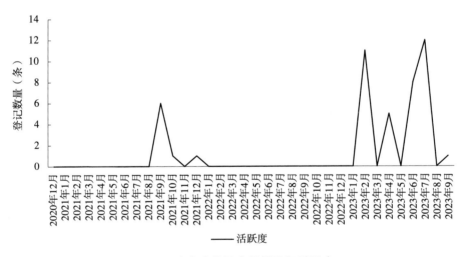

图 9　山东省分平台数据登记活跃度

　　北京市数据知识产权登记平台于 2023 年 6 月 19 日正式上线，且于 2023 年 7 月 5 日公布了首份数据知识产权登记证书。从北京市数据知识产权登记平台可知，截至 2023 年 9 月 7 日，该平台共有 26 条数据知识产权登记完成。北京市数据知识产权登记分析如下。第一，数据登记数量和活跃度。由图 10 可知，该平台 2023 年 7 月数据知识产权登记数量为 23 条，数据登记最为活跃；而同年 8 月数据知识产权登记活跃度有所降低，数据登记数量仅为 3 条。第二，数据来源。

通过该登记平台查看数据登记信息发现，该登记平台数据知识产权登记来源主要为自有/自采数据和交易取得数据，其中，自有/自采数据为25条，占其省市数据来源总量的96.15%，交易所得数据为1条，占其省市数据来源总量的3.85%。第三，数据体量。通过该登记平台查看数据登记信息发现，该平台已颁布的26份数据产权证书中，数据体量区间跨度较大，且数据体量统计单位多样，包含2TB、1GB以及千万条以上的数据体量。

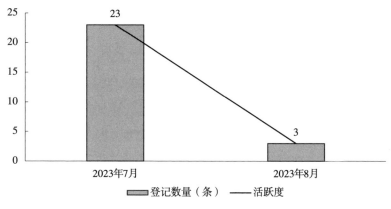

图10　北京市数据知识产权登记

江苏省数据知识产权登记系统于2023年4月28日正式上线，且于2023年4月28日公布了首份数据知识产权登记证书。从江苏省数据知识产权登记系统可知，截至2023年9月17日，该系统共有122条数据知识产权登记完成。江苏省数据知识产权登记分析如下。第一，数据登记数量和活跃度。由图11可知，该平台2023年5月数据知识产权登记数量为40条，数据登记最为活跃，但自5月以后数据登记活跃度持续降低。第二，数据来源。通过该登记系统查看数据登记信息发现，该登记系统数据知识产权登记来源主要为自有/自采数据、授权数据以及其他数据来源，其中，自有/自采数据为110条，占其省市数据来源总量的90.16%，授权数据为11条，占其省市数据来源总量的9.02%，其他数据来源仅为1条，占其省市数据来源总量的0.82%。第三，数据体量。通过该登记系统查看数据登记信息发现，该平台已颁布的120份数据产权证书中，并未对数据体量作登记要求，故数据体量无从得知。

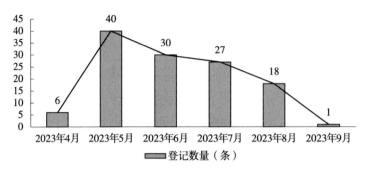

图 11 江苏省数据知识产权登记

广东省数据知识产权存证登记平台于 2023 年 7 月 28 日正式上线，且于 2023 年 9 月 4 日公布了首份数据知识产权登记证书。由图 12 可知，截至 2023 年 9 月 17 日，该平台仅有 1 条数据知识产权登记完成，且其数据来源为公开采集，数据体量为 1000 万条。而仅有 1 条数据知识产权登记完成的原因可能在于《广东指引》中明确规定，"数据知识产权的登记对象为依法依规获取的、经过一定规则处理形成的、具有商业价值的数据集合"，且要求该数据集合必须是"已存证数据集合"才能进行登记，可见要求严格可能是登记较少的原因之一。

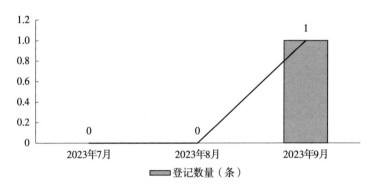

图 12 广东省数据知识产权登记

福建省数据知识产权登记存证平台于 2023 年 4 月 25 日正式上线，且于 2023 年 9 月 7 日公布了首份数据知识产权登记证书。由图 13 可知，截至 2023 年 9 月 17 日，该平台共有 522 条数据知识产权登记完成，且该数据来源均为自有/自采数据。

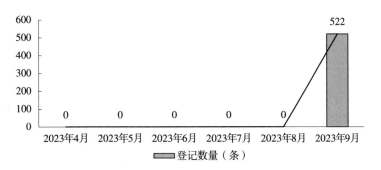

图 13　福建省数据知识产权登记

天津市数据知识产权登记流通平台于 2023 年 7 月 14 日正式上线。由图 14 可知，截至 2023 年 9 月 29 日，该平台共有 12 条数据知识产权处于公示期，尚未颁布数据知识产权登记证书。天津市数据知识产权登记分析如下。第一，数据登记活跃度。该平台处于公示期的数据最为活跃时间在 2023 年 9 月，共有 12 条数据处于公示期间。第二，数据来源。通过该登记平台查看数据登记信息发现，天津市数据知识产权登记流通平台处于公示期的 12 条数据，其数据来源均为企业数据。第三，数据体量。通过该登记平台查看数据登记信息发现，该平台处于公示期的 12 条数据中，星际空间（天津）科技发展有限公司申请登记的天津市建筑物地址数据集，数据条数已达到 1338764 条，为该平台数据条数最高的一家企业；而中国石油天然气股份有限公司大港油田分公司申请登记的大港油田井基础数据集，数据条数仅为 200 条，为该平台数据条数最低的一家企业。

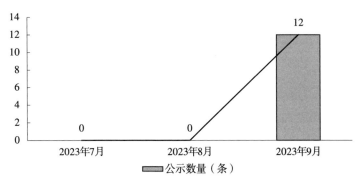

图 14　天津市数据知识产权登记

三、当前知识产权数据登记存在的问题

(一) 登记制度规范不足与管理分散

1. 登记制度规范不足

第一，登记对象及类型界定模糊。目前已经发布的各地登记办法对数据知识产权登记对象及类型的定义并不一致。深圳市和贵州省将登记对象划分为数据资源或者数据产品、数据要素，其他省市则称为数据集合或者数据。数据登记的对象类型也未进行统一界定，如浙江省、北京市等仅规定应用数据类型，且对各类型数据的内涵未进行明确说明。登记对象及类型界定模糊的危害在于，申请人难以准确判断申请登记的数据属于何种类型，使用者也容易误判公示的数据对象及类型，从而导致供需信息不对称，无法实现明确数据资产权属、促进数据市场交易的功能。

第二，登记主体权利及外延不统一。多地登记办法规定登记主体享有的权利包括数据持有权、数据处理权、数据经营权等，但其外延并不统一，且回避了所有权问题。如《深圳办法》表述为"数据资源持有、数据加工使用和数据产品经营权利"；《江苏规则》笼统表述为"依法持有数据并对数据行使权利"；《北京办法》规定为"享有依法依规加工使用、获取收益等权益"，缺失持有权。权利外延不统一的后果在于，登记主体和使用主体对通过登记取得的数据权限及内涵认知不一致，从而为后续使用埋下隐患。

第三，登记证书的法律效力不一致。登记证书不仅能够证明登记主体的权利，而且为登记使用主体依法使用数据提供了法律依据，但各地登记办法对于证书的效力规定并不一致。如《贵州办法》规定登记凭证作为登记主体开展数据流通交易、数据资产质押贷款、数据资产入表、数据信托、争议仲裁、数据要素型企业认定、数据生产要素核算的依据；《深圳办法》中进一步提出登记证书可作为数据交易、融资抵押、数据资产入表、会计核算争议仲裁的依据；《北京办法》仅提出数据证书享有依法依规加工使用、获取收益等

权益的证明效力。相较之下，有些地方办法更加注重数据作为资产使用的效力。

2. 登记制度管理分散

第一，信息缺乏共享。各省市目前只单独出台针对自己所在区域的登记政策，并没有对登记的数据进行联网共享，这意味着数据持有者在北京进行登记后，也可以重新在其他地方进行登记，重复登记浪费了各平台的公共资源，增加了使用者的检索成本，不利于统一的数据要素交易市场的构建。

第二，保护措施缺失。大多数地方未提及对于登记后的数据采取何种措施进行保存和保护，目前只有《深圳办法》提出要运用区块链等相关技术，对登记信息进行上链保存。其他地方均未提出采用何种措施保护登记后的数据资产，这可能与采取实质性审查或形式审查有关，但缺失保护措施使数据商业秘密、个人数据隐私等面临潜在的泄露风险。

(二) 企业数据登记动力不足与机制缺失

从各登记平台的调研统计数据来看，相较于目前数据市场实际交易的数据体量，主动登记的数量非常少。经分析，可能有以下两个方面的原因。

第一，企业登记的内驱力不足。重庆市没有登记试点，但通过访谈当地的大数据企业得知，其没有选择跨省登记的原因是担心泄露商业秘密，且认为没有进行登记并不影响业务交易，所以没有登记的驱动力。且多地要求在数据登记前需要进行数据公证存证，登记程序比较烦琐，提供材料较为繁杂，如《深圳办法》规定要对登记数据进行上链保存①，多地规定上传样例数据②，且多数登记需要缴纳费用。如此一来，登记的时间成本和费用成本都比较高昂，而登记之后登记主体的权利范围、登记证书的法律效力不明导致对数据登记价值的预期不足，从而使大量企业对数据登记持观望态度。

---

① 《深圳办法》第十条规定："登记机构应当运用区块链等相关技术，对登记信息进行上链保存，并妥善保存登记的原始凭证及有关文件和资料。其保存期限不得少于三十年。法律法规另有规定的，从其规定。"

② 如《广东指引》第七条规定："样例数据，代表数据集合实质内容的多条数据，应提交不少于50条数据，其中，不少于3条数据用于公示。"

第二，政策扶持激励机制缺失。企业参与数据资产登记的动力除资产认定、资产增值等内部收支因素外，还有来自政府扶持优惠政策的外部激励动因。而目前政府尚未出台关于数据登记的费用补助、税收优惠、奖励政策、资格认定等配套政策，政策扶持激励机制缺失，导致企业登记的外部驱动力不足。

（三）数据登记实质性审查缺位与公证存证失范

第一，实质性审查缺位。大多数省市未对数据知识产权登记的实质性审查进行规范，只明确了在数据登记过程中进行形式审查，登记机构仅对登记申请材料的真实性和登记程序的完整性负有责任。而实质性审查环节的缺失，会导致数据来源的真实性、合法性、重复登记等情况无从得知。建立数据产权登记制度的目的在于通过数据披露保障数据流通和交易安全，因此审查应兼具程序效率和实质公平。由于登记数据的体量庞大，可考虑采用技术措施解决实质性审查的可操作性难题。

第二，公证存证环节失范。一些地方登记办法未规定数据登记前的公证存证程序，公证存证是指对登记数据公证或利用区块链等可信技术进行存证，确保数据可追溯，如未将数据公证存证作为登记的必要前置环节，则会放任数据的实时动态性，导致登记对象的不稳定性。并且，目前各地登记办法未对提供数据公证存证和可信技术存证的第三方平台或者机构的从业资质及惩罚措施进行明确规定，从而增加了数据商业秘密与个人数据隐私泄露的风险。

四、数据知识产权登记制度的完善路径

（一）构建统一的数据知识产权登记模式

首先，颁布统一的数据知识产权登记规则。建议通过建立统一的数据资产管理规则，增强数据资产登记的公信力，运用区块链技术建构起数据知识产权登记的信任机制。[4] 相关部门应总结各地优秀管理办法和实践经验，建

立统一登记对象、统一登记程序、统一登记范围、统一登记主体权利、统一登记审核方式、统一登记证书效力、统一登记信息管理的数据资产登记规则，以确保数据产权登记制度上下贯通、协调一致。

其次，采用一体化组织的登记机构模式。登记机构的模式主要包括集中模式、分散模式、联盟模式、一体化模式四种。集中模式是建立一个统一的全国性机构来处理全部任务；分散模式是指各地自主决定登记政策发展的模式；联盟模式是由全国若干个机构发起，组成一个全国联盟的形式来执行任务；一体化模式依据"七统一"原则，处理工作的要求是"核心业务统一，业务处理分散"①。建议采用一体化组织的登记机构模式，各地方登记制度保持一致，各地方登记系统互联互通，各地方登记数据可以共享，当然也鼓励各地方实行创新服务。一体化组织模式既可确保数据资产登记的公信力，又可提高数据市场供求交易的匹配效率，为下一步建立融合的数据流通与交易市场奠定基础。

最后，建设集成的数据资产登记平台系统。建设集成的数据资产登记平台是基础设施举措，集成的核心在于"一地登记，全国共享"，在确立统一的数据知识产权登记制度的前提下，建立跨平台、跨区域、跨组织的互联互享的集成管理和服务工作系统，实现全国范围内数据资产的汇集，为下一步建立数据资产登记、运营、服务、保护全链条、一站式管理设想提供基础设施保障。

(二) 制定数据知识产权登记的配套措施

企业是数据知识产权登记的主体，要提高数据知识产权登记市场的活跃度，必须提高企业参与数据知识产权登记的积极性。制定数据知识产权登记的配套措施可从以下四个方面着手。第一，各地政府可出台产业优惠政策以鼓励企业登记，如数商资格认定、科技创新类数据产品税收优惠、适当降低登记费用等。第二，为减少数据资产登记过程中企业的工作量，登记平台应

---

① 上海数据交易所有限公司. 全国统一数据资产登记体系建设白皮书 [EB/OL]. (2022-09-01) [2023-10-06]. https://13115299.s21i.faiusr.com/61/1/ABUIABA9GAAg94aDnAYoyPH_zQI.pdf.

进一步细化数据知识产权登记流程，运用技术措施优化登记流程，减少企业登记的时间和精力成本。[5] 第三，各省市应该建立数据资产的流通价值链，健全数据资产交易服务的配套政策及措施，积极推动数据流通交易、数据资产质押贷款、数据资产入表、数据信托等数据运营服务，为数据登记行为赋值。第四，在上链、存证收集数据资产信息时，要注重对数据的保护，充分利用隐私技术和区块链等可信技术，并规定数据泄露的惩罚措施，保证数据资产的安全。

（三）健全数据产权登记审核和公证存证制度

数据资产登记的公信力是数据资产确权的核心，而缺乏实质性审核和公证存证机制将会在很大程度上影响数据资产登记的公信力。登记机构应该要求申请人提供由第三方机构出具的具有真实性和合法性的实质性审查及公证存证材料，以确保数据产权的来源合法、安全风险可控。同时保留登记机构在发现数据资产来源合法性及真实性存疑时进一步要求登记主体提供证明材料的权利，除此之外，还需要强化第三方机构应具备的资质及进行实质性审核、公证存证的方式和采用的技术保护措施等要求。

（四）完善数据产权制度，明确登记权利内涵

数据持有人对数据进行登记的动因，主要是想通过数据登记明晰权利范围，释放数据价值，以促进数据资产的交易和流通。目前，各省市登记办法对于数据资产的产权定性并不一致，有以知识产权体系为主导的产权属性，如《北京办法》中提出，登记对象应该具有商业价值及智力成果属性；也有从新型财产权角度确定登记对象的产权属性，如《深圳办法》中将登记对象分为数据资源和数据产品。因此，国家应加快数据产权相关立法，明确数据持有权、数据处理权、数据经营权等权利的内涵和外延，说明持有权和所有权的关系，为数据登记制度奠定坚实的产权基础。只有通过实体法将数据产权的权利表述为法律上的权利，通过程序法规范建立数据产权登记制度[2]，才能让数据从资产变为资本，激活数据资产的市场活力。

参考文献

［1］黄丽华，郭梦珂，邵志清，等. 关于构建全国统一的数据资产登记体系的思考［J］. 中国科学院院刊，2022，37（10）：1426-1434.

［2］程啸. 论数据产权登记［J］. 法学评论，2023，41（4）：137-148.

［3］刘晓春，杜天星. 数据要素市场建构中的数据知识产权确权登记［J］. 中国对外贸易，2023（7）：36-38.

［4］余俊，张潇. 区块链技术与知识产权确权登记制度的现代化［J］. 知识产权，2020（8）：59-67.

［5］解媛，张玉，杨晓群，等. 2021年度陕西省科技成果登记统计分析研究［J］. 河南科技，2022，41（13）：151-154.

数据产权与信息溯源的港湾：
生成式人工智能的安全责任[*]

一、问题的引出

（一）生成式人工智能数据产权问题概述

生成式人工智能在知识产权领域最重要的问题之一，是按生命周期的数据确权。数据确权的理论依据与传统财产并无不同，均为公地悲剧理论[①]，则数据产权的权利范围也可以称为与之相对应的"私域"。"私域"与"公地"的合理划分对数字环境下经济社会的可持续发展和效益最大化具有重要意义。

数据产权"私域"的法律保护，主要分为体现为公权力介入的立法保护和基于行业自律秩序的私力保护。在以往数据保护实践中，相对于法律而言，行业自律秩序的有效运行发挥着更加重要的作用。如前文所述，对于美国这样的国家而言，基于行业自律的合同保护是数据产权得到救济的最主要途径，其中格式条款和技术措施成为保护数据产权、划分"私域"与"公地"界限的重要"护城河"。

---

* 作者：邢恩铭，中国社会科学院大学法学院 2024 级硕士研究生；施迈，华东政法大学知识产权学院 2023 级硕士研究生；刘雨菏，中南财经政法大学法学院 2021 级本科生；姜宵，同济大学法学院 2021 级本科生；张慧妮，中南财经政法大学法学院 2022 级本科生。

① 公地悲剧是一个比喻，它假设一片公共牧场向所有牧羊人无偿开放，每个牧羊人为追求利益最大化都会放养尽可能多的羊，最后导致草场沙化。要避免公地悲剧，解决方案是明晰财产权，把公地分配给每个"牧民"。这样，每个牧民在追求自身利益最大化的时候，会考虑长期效应，从而使牧场资源得到更好的保护和发展。周汉华. 数据确权的误区 [J]. 社会科学文摘，2023（7）：115-117.

（1）格式条款。数据的持有者往往通过设置名为"点击许可"的许可合同来保护自己对于数据的相关权利，使用者只要通过点击网站等方式接触到受保护的数据，即视为同意成为许可合同的相对人，受相关限制条款的约束，如若违反，则承担侵权责任。这种格式条款是否符合法律规定及是否具有法律效力虽仍在争议中，但已经得到相关国家司法实践的积极承认。[①] 格式条款的存在和得到承认使得数据产权可以借由普通民事法律给予相当大程度上的保护，在很长一段时间内对数据产权的保护起到主要作用。

（2）技术措施。在数字环境中，数据权益容易被技术手段所侵犯，数据产权的权利人也同样擅长使用技术措施来保护数据不被轻易窃取或者侵犯。数据加密、访问防火墙等手段，是维护数据"私域"的刚性手段，且由于技术措施使用的广泛性，这一手段本身带来了更强法律保护的正当性——权利主体使用技术措施规制他人行为、保护数据权益逐渐成为一种商业惯例，恶意绕过或者破坏保护数据的技术措施的行为，会因此被认定为违反商业道德，直接被划入《反不正当竞争法》的规制范围。[②]

对于欧盟而言，虽然其采用立法手段对数据予以特殊赋权保护，但合同等自律方式仍然是最主要的手段。2018 年，欧盟委员会制定的《欧盟数据库指令》成效调研分析报告显示，有 52.5% 的数据库所有人将合同作为最主要的保护方式，在金融和出版领域，则达到更为惊人的 100% 和 78.6%。[③] 综上所述，在关于数据产权保护的国际实践中，格式条款与技术措施互相配合的行业自律式保护，是维护数据"私域"的主要手段。

在很长的一段时间内，格式条款和技术措施都有效发挥着保护数据产权的作用，且较好地完成了行业自治与法律保护相衔接的任务。然而，生成式人工

---

① 例如美国联邦第七巡回上诉法院曾明确表示，以制式性的合同条款来限制被许可方的复制行为是有效并可执行的方案，参见 ProCD, Inc. v. Zeidenberg, 86 F. 3d 1447 (7thCir. 1996)。

② 参见（2022）京 73 民终 1154 号判决书。在本案中，法院明确指出数据控制者采用代码设置用户行为规则的方式属于互联网行业的商业惯例。商业惯例反映的秩序意在通过预先说明好互动模式中各方行动自由的边界，促成各方采取增进总福利的行为，其他人越过授权和技术措施的行为破坏了商业惯例，违反了商业道德，属于不正当竞争行为，应当承担责任。

③ 孙远钊. 论数据相关的权利保护和问题：美国与欧盟相关规制的梳理与比较 [J]. 知识产权研究，2021, 28 (1)：3-90, 285.

智能服务及其相关技术的兴起和普及，使"私域"与"公地"的界限面临崩溃的风险。

首先，由于人工智能技术给社会带来的变革与良好的商业前景，互联网用户数据作为训练人工智能模型的"燃料"，商业价值日益凸显。Google、百度等互联网巨头公司或利用自身所掌握的数据库进行 AI 训练，或将数据库提供给人工智能服务商进行价值变现。当掌握算法权力的网络平台自身开始积极获取和利用数据，势力较弱的分散权利人在与他们的商业谈判中几乎无法取得缔约优势，基于格式条款的契约机制面临着失灵。一言以蔽之，生成式人工智能服务使得数据产权赖以存在和发展的"私域"受到倾轧，人工智能的"触手"轻松地伸进不同的"私域"，在对数据产权造成实质侵害的同时，也严重破坏了基于行业自律而建立起来的交易秩序，因此在人工智能技术背景下重构公平、均衡的数据交易市场，成为人们亟待解决的新问题。

其次，生成式人工智能通过机器学习、内容聚合算法等技术的应用，能够有指向性且全面地抓取存在于公开互联网上的几乎全部目标信息，并将抓取到的信息进行比对分析，将分散在不同平台中的信息串联起来，得到可供分析和进一步推演的数据模型。由于人工智能强大的算力和编译、反编译技术的应用，传统的数据加密、数据接触控制等技术措施被轻易"攻破"，虽然此时，权利人亦可以尝试主张通过《反不正当竞争法》进行救济，但尚且不论一项权利落入只能通过法律事后救济的境地会造成其地位与价值的极其不稳定，生成式人工智能主体泛化、涉及领域众多的特点也决定了《反不正当竞争法》在尝试介入时面临着界定"相关市场"和确定侵权人"竞争者"地位的困境[1]，传统法律保护的前景晦暗不明。

最后，在市场自律秩序失灵、传统法律从前景上难以有效保护数据产权的现状下，针对作为侵权主体的生成式人工智能服务平台，抑或是针对作为保护对象的数据产权，探寻法律介入的新方式、构建合理可行的新制度成为

---

[1] 《反不正当竞争法》的介入以侵权行为人构成相关市场的竞争者为前提，而生成式人工智能的侵权已经不限于特定领域界限内的"侵入"，在考虑特定案件时侵权行为主体可能在造成实质损害的同时，与该相关市场的竞争者这一身份无涉。

值得研究的命题，本调研即尝试解决关于数据产权保护及人工智能平台责任制度的部分问题。

（二）信息合规需求：AIGC 服务提供者责任

AI 技术在飞速发展，其凭借智能决策、自动化处理与大数据分析等功能，在社会生产经营中占据着越来越重要的地位，各类 AI 应用软件也在迅速更新迭代、层出不穷。然而，AI 技术的应用面临的巨大风险及法律合规需求也应当予以重视。"AI 和大数据是一对孪生兄弟"，而大量数据的不合理收集与运用往往牵涉到个人信息与隐私、人格权、知识产权、法律伦理等一系列法律问题，因而 AI 大数据平台成为主舞台。

为规范 AI 技术的应用与发展，自 2017 年开始，美国、欧盟、德国、加拿大、日本、新加坡等多个国家和组织相继出台了诸如《通用数据保护条例》（GDPR）、《人工智能法案》等针对人工智能发展与治理的法律规范。我国也在 2023 年 7 月 10 日公布了将于 8 月 15 日施行的《生成式人工智能服务管理暂行办法》（以下简称《暂行办法》），对生成式人工智能（AIGC）服务的监管与规范作出了基本规定。

值得注意的是，在《暂行办法》公布后的半个多月（正式生效前）后，8 月 1 日，包括讯飞星火在内的多个 AIGC 应用软件在苹果应用商店集体下架。下架的主要原因在于 AIGC 应用软件存在诸如数据采集不规范、信息数据二次开发利用被用于诈骗犯罪等诸多法律与伦理问题，与监管规范相抵触。AIGC 应用软件的大量下架，也从侧面反映出当前 AI 应用领域服务提供者的迫切需求。目前 AI 技术领域的专门性法律规定与案例仍有空白，包容开放的大环境仍在，专门性法律的研究正在火热进行中，有关部门对其开展切实规制亦为必然趋势。我们可以认为，8 月 1 日凌晨 AIGC 应用软件大量下架事件昭示了国家已对 AI 行业正式探出专门性、大范围依法落实监管的"有形手"，并笼罩在 AI 行业上空。相关企业预先研判、及时开展风险防控及合规管理工作，对于 AI 技术长期发展与企业良性成长而言具有必要性和重要性。

二、互联网数据权属的"私"与"公"

（一）数据产权的司法认定构造：基于 469 份案例的实证分析

本报告在中国裁判文书网中以"nft+侵权""爬虫+侵权""数字藏品""数据权""数据爬取"等为检索式，检索了 2019—2023 年共计 469 份案例，选取其中与人工智能及数据产权关系紧密的板块作为案件裁判文书梳理的颗粒化依托，对数据权属涉及的现实法律问题进行统计，以探究数据权属的方式和数据产权的保护路径。本部分着重解决的问题为：在当前的"个案"，即数字化时代的案例类别之中，从司法视角如何认定数据归何人，数据权属如何界定，个人如何保有数据权益。

通过对 469 份裁判文书进行整理可知，数据权属相关问题主要集中在不正当竞争纠纷、侵害作品信息网络传播权纠纷、著作权权属、侵权纠纷等领域。其中，侵害作品信息网络传播权纠纷案件中涉数据权属案件数量最多，占比达 50.72%。

在我国法律实践中，关于数据权属的问题呈现复杂化、多样化的特点。在各类案件中，使用爬虫等技术手段获取后台存储的非公开数据的现象最为常见，且案件争议聚集于"爬虫技术的合法性和正当性"。通过对 69 份案件进行梳理可知，争议焦点涉"爬虫技术合法性"探讨的案件共计 23 件，占数据权属相关问题的 33.33%。此外，探究签署协议的有效性、依托物联网侵权和数字藏品交易平台资质等均为高频争议点（见表 1）。非正当爬虫技术的应用不仅侵犯了数据的隐私权，更是数据权属纠纷的高发点，从而引发了大量数据保护需求。

表 1　涉"爬虫技术合法性"探讨的案件

类型化	数量（件）
爬虫技术的合法性	23

续表

类型化	数量（件）
数字藏品交易平台资质	4
依托互联网侵权	7
签署协议的有效性	5

由此可知，对数据权属的保护需求广泛，且主要集中在数据安全、数据流通、数据知识产权等领域。一方面，因数据的易复制、易盗取性质，要警惕爬虫技术获取非公开的数据存储，防止数据被非法获取、篡改或盗用，确保数据的完整性和保密性，确保个人权益不受侵犯；另一方面，因数据的无形特点，其并不为某人所独占，有关数据产权问题争议较大，因此要确保数据创造者的创意和智慧成果受到法律保护，防止侵权行为。

在数字时代，数据的使用、管理和交易等方面的法律法规需要不断更新和完善，以适应技术的发展和新型商业模式的出现。社会对相关问题的关注度提高，对于数据安全和保护的诉求日益增强。对于这种现象，我国法律应当加强对数据权属问题的研究，明确数据的归属和保护机制，防止数据被滥用和非法流出。在实际操作中，企业也应当以合规为导向，加强数据保护意识，避免因技术手段使用不当而引发数据权属纠纷。

（二）数据溯源：数据产权的场景归入

私域，即个人可自由支配的空间，既包括隐私和自由等价值层面的支配，也包括财产、人身等现实层面的支配。私域的存在对于反抗社会生活空间的压制和公共权力的过度干预有着重要意义，对私域的保护，是现代法律体系的重要目标。现代法律为个人构筑起一个在物理上可实现自主支配的空间，并努力在公域与私域之间划定明确的界限，通过推行私域自治，保护与身体、私密处所和社会交往相关的人身财产权益免受外来侵害。

在传统的线下社会，对公域与私域的界分主要依靠的是两者之间实际存在的物理界限，法律并不发挥主要作用。比如个人人格与住宅的安宁，往往与居所等绑定，所谓的公共领域也大多与特定的领地紧密结合，而在网络社会中，这种界限不复存在。随着数据技术的发展和社会分工的变化，互联网日益成为很多群体工作与生活的重心，无论经由主动上传还是被动记录，个人数据总是不可避免地在网络中留下踪迹，经由自由流动的特性转移到不特定的广泛主体手中。但是，这往往并非个人信息权利人所期望的结果，"隐私已死"的担忧已经成为无法忽视的问题。

对于这一问题，有两条路径可供选择：第一，放弃私域与公域的界分，将网络社会视为纯粹的公共空间；第二，在网络中寻求私域与公域的新界限。第一种显然不可取，不论是从公民个性保护、选择自由等角度出发，还是基于防止公民因担心个人信息遭受侵害而拒绝参与互联网生活等考虑，在互联网中都需要区分私人领域和公共空间，让个体在依附于网络的社会背景下，仍然能够保有符合其期望的个人空间。

三、平台数据权属的"源"与"桥"

（一）人工智能的处理之"源"：互联网平台的信息统筹

本文选取微博、知乎、抖音等国内 10 个涉及用户信息采集和适用的平台作为统计对象展开实证分析，并将选取的对象分为媒体类、购物类、外卖类、工具类四种类别（见表 2）。

表 2　我国互联网平台用户协议与隐私政策采样

平台类别	平台名称	链接网址（更新时间为：2023 年 8 月）	
		用户协议	隐私政策
媒体类	微博	https://weibo.com/signup/v5/protocol	https://weibo.com/signup/v5/privacy
	知乎	https://www.zhihu.com/plainterms	https://www.zhihu.com/term/privacy
	抖音	https://www.douyin.com/draft/douyin_agreement/douyin_agreement_user.html?id=6773906068725565448	https://www.douyin.com/draft/douyin_agreement/douyin_agreement_privacy.html?id=6773901168964798477

平台类别	平台名称	链接网址（更新时间为：2023年8月）	
		用户协议	隐私政策
购物类	京东	https://in. m. jd. com/help/app/register_info. html	https://in. m. jd. com/help/app/private_policy. html
	淘宝	https://www. taobao. com/go/chn/member/agreement. php	https://terms. alicdn. com/legal-agreement/terms/suit_bu1_taobao/suit_bu1_taobao201703241622_61002. html
	拼多多	https://www. pinduoduo. com/pdd_user_services_agreement. pdf	https://www. pinduoduo. com/pdd_privacy_policy. pdf
外卖类	美团	https://rules-center. meituan. com/rules-detail/4	https://rules-center. meituan. com/rules-detail/2
	饿了么	https://terms. alicdn. com/legal-agreement/terms/suit_bu1_other/suit_bu1_other201903201642_21599. html	https://terms. alicdn. com/legal-agreement/terms/suit_bu1_other/suit_bu1_other201903051859_43484. html
工具类	高德地图	http://wb. amap. com/doc/agreement. html	https://cache. amap. com/h5/h5/publish/238/index. html
	网易云音乐	https://st. music. 163. com/official-terms/service	https://st. music. 163. com/official-terms/privacy

本文分别对这些互联网平台的用户服务协议中的数据授权条款和隐私政策进行分析，得出如下结论：

第一，我国互联网平台在数据授权上目前多采用无限授权模式。根据用户数据权利归属及处分方式的不同，通常可将用户数据授权条款分为"所有权转移模式"和"授权使用模式"两大类，"授权使用模式"下又可分为独家授权、无限授权和普通授权三种模式。从调研数据（见表3）来看，采用所有权转移模式和普通授权模式的平台数量为0；有小部分如京东、拼多多、美团、饿了么4家互联网平台采用独家授权模式，即用户享有数据的所有权，但用户数据的使用权归平台排他享有；无限授权模式是应用最广泛的模式，10家平台分别通过无时间限制、无地域限制或向合作方/第三方再许可的方式无偿获得用户数据的使用权。

表3　我国互联网平台用户数据授权模式

授权模式		互联网平台	数量
所有权转移模式		—	0
无偿授权使用模式	独家授权模式	京东、拼多多、美团、饿了么	4
	无限授权模式	知乎、高德地图（无时间限制） 抖音、京东、淘宝、小红书、高德地图、网易云音乐（无地域限制） 微博、小红书、美团、饿了么、高德地图、网易云音乐（可再许可）	10
	普通授权模式	—	0

第二，我国互联网平台的用户信息处理仍存在不足。本调研从信息处理、信息共享、信息公开和信息保存四个方面对各平台现行的隐私政策规定进行了归纳（见表4）。首先，部分平台在采集用户信息后，除了由平台方处理，还会通过委托协议将信息交由第三方进行处理，这加剧了信息流向的不确定性。其次，10家平台均规定其享有与关联方或者合作伙伴共享信息的权利，且部分平台共享的是未去标识化或匿名化的信息，在特殊情况下甚至包含身份信息等敏感内容。再次，关于用户信息的公开，除拼多多设置了"其他依据法律规定或双方约定可以披露的情形"的兜底条件外，其他平台都以有用户明确同意或违反法律法规、规则为硬性条件。最后，在信息保存上，不少条款的表述模棱两可，从而为用户信息权益遭受侵害提供了空间，具体表述有："出于财务、审计、争议解决等目的需要合理延长期限的（不对信息进行删除或匿名化处理）""在备份更新时更正或删除这些信息"。这些条款均赋予了平台较大的自决权。另外，由于安全技术的限制，用户在删除信息时客户端与平台备份系统可能无法同步。以上原因都会增加用户个人隐私泄露的风险，即使用户已删除个人信息或注销账号，其信息仍有可能无法得到去标

识化、匿名化处理，如表4所示。

表4　我国互联网平台用户信息的处理

平台公约	信息处理	信息共享	信息公开	信息保存		
	是否委托第三方处理个人信息	是否与关联方或者合作伙伴共享	公开披露的条件	超出保存期间	用户删除个人信息	用户注销账号
微博个人信息相关保护政策	√	（1）姓名、手机号码、通信地址：明示同意。（2）广告/数据安全合作伙伴：共享去标识化或匿名化处理后的信息	—	—	—	一旦注销账号，将删除关于账号的一切信息（包括使用同一账号登录的平台，以及关联方提供的其他应用中的信息），但法律法规另有规定的除外
知乎个人信息保护指引	—	单独同意+与合作方的保密协定	单独同意	进行删除或者匿名化处理，但国家法律法规、规章、规范性文件或政府的政策、命令等另有要求或为履行平台的合规义务而需要保留用户的个人信息的除外	—	依据法律法规相关要求通过匿名化等方式处理用户的个人信息，或删除与账户相关的个人信息，但法律法规或监管机构对用户信息存储时间另有规定的除外

平台公约	信息处理	信息共享	信息公开	信息保存		
	是否委托第三方处理个人信息	是否与关联方或者合作伙伴共享	公开披露的条件	超出保存期间	用户删除个人信息	用户注销账号
抖音隐私政策	√	学术科研：与合作的科研院所、高校等机构使用去标识化或匿名化的数据	（1）遵循国家法律法规。（2）获得用户的同意	对信息进行删除或匿名化处理，但以下情况除外：（1）法律法规的要求。（2）出于财务、审计、争议解决等目的需要合理延长期限的	对信息进行删除或匿名化处理，但以下情况除外：（1）法律法规的要求。（2）出于财务、审计、争议解决等目的需要合理延长期限的	根据适用法律的要求删除用户的个人信息。删除个人信息从技术上难以实现的，平台会进行匿名化处理，或停止除存储和采取必要的安全保护措施之外的处理，但法律法规另有规定的除外
京东基本功能隐私政策	—	明确的同意或授权	（1）单独同意的授权范围。（2）严重违反法律法规或者相关协议、规则	根据适用法律的要求删除用户的个人信息或进行匿名化处理	无法立即从系统中删除相应的信息，将存储并限制进一步的处理，直到可以删除或实现匿名化	根据适用法律的要求删除用户的个人信息或进行匿名化处理

续表

平台公约	信息处理	信息共享	信息公开	信息保存		
	是否委托第三方处理个人信息	是否与关联方或者合作伙伴共享	公开披露的条件	超出保存期间	用户删除个人信息	用户注销账号
淘宝隐私政策	√	√	（1）单独同意的授权范围。（2）严重违反法律法规或者相关协议、规则	—	无法立即从备份系统中删除相应的信息，将存储并限制进一步的处理，直到备份可以清除或实现匿名化	根据适用法律的要求删除或匿名化处理用户的个人信息
拼多多隐私政策	—	（1）广告类合作伙伴：不会提供个人身份信息或将这些信息进行去标识化处理。（2）供应商。（3）关联公司	(1)单独同意的授权范围。（2）行政执法或司法要求。（3）其他依据法律规定或双方约定可以披露的情形	根据适用法律的要求删除用户的个人信息或进行匿名化处理	无法立即从备份系统中删除相应的信息，将存储并限制进一步的处理，直到备份可以清除或实现匿名化	当用户申请注销并经审核通过后，平台将对个人信息进行删除或匿名化处理，法律法规另有规定的除外

续表

平台公约	信息处理	信息共享	信息公开	信息保存		
	是否委托第三方处理个人信息	是否与关联方或者合作伙伴共享	公开披露的条件	超出保存期间	用户删除个人信息	用户注销账号
美团隐私政策	—	（1）广告合作伙伴：不会提供个人身份信息或将这些信息进行去标识化处理。（2）安全保障合作伙伴。（3）关联公司：共享用户的个人敏感信息或者关联方改变个人信息的使用目的，将再次征求授权同意。（4）第三方中国电信运营商、中国联通运营商、中国移动运营商：提供手机号、手机号在美团的绑定时间（精确到天）	（1）单独同意的授权范围。（2）行政执法或司法要求	根据适用法律的要求删除用户的个人信息，或将其进行匿名化处理	无法立即从备份系统中删除相应的信息，将存储并限制进一步的处理，直到备份可以清除或实现匿名化	注销成功后，除法律法规及相应的国家标准另有规定外，将删除个人信息或进行匿名化处理

续表

平台公约	信息处理	信息共享	信息公开	信息保存		
	是否委托第三方处理个人信息	是否与关联方或者合作伙伴共享	公开披露的条件	超出保存期间	用户删除个人信息	用户注销账号
饿了么隐私权政策	√	（1）广告合作伙伴：不会将个人身份信息委托其处理。（2）安全保障合作伙伴。（3）物流配送：向相关配送服务主体（包括商家或第三方配送服务提供商）披露订单相关配送信息（如收货人姓名、收货地址、收货人联系电话），并由其根据商品及/或服务提供主体的选择向相应的物流配送主体同步相关配送信息	（1）单独同意的授权范围。（2）严重违反法律法规或者相关协议、规则	—	无法立即从备份系统中删除信息，存储并将其与任何进一步处理隔离，直到备份可以清除或实现匿名	根据适用法律的要求删除用户的个人信息。删除个人信息从技术上难以实现的，平台会进行匿名化处理，或停止除存储和采取必要的安全保护措施之外的处理，但法律法规另有规定的除外

续表

平台公约	信息处理	信息共享	信息公开	信息保存		
	是否委托第三方处理个人信息	是否与关联方或者合作伙伴共享	公开披露的条件	超出保存期间	用户删除个人信息	用户注销账号
高德隐私权政策	√	（1）提供产品/服务的第三方：酒店入住人、门票入园人、驾驶员等的姓名、手机号、身份信息（部分场景涉及）、订单信息。（2）广告合作方：去标识化或匿名化后的OAID、IDFA、位置信息和标签信息。（3）安全保障合作伙伴。（4）学术科研：与合作方（如科研院所、高校等机构）使用去标识化或匿名化的数据	（1）单独同意的授权范围。（2）严重违反法律法规或者相关协议、规则	—	无法立即从备份系统中删除信息，存储并将其与任何进一步处理隔离，直到备份可以清除或实现匿名	（1）为了保护用户或他人的合法权益，平台需要在为用户注销账号前验证用户的身份，并结合用户对高德产品的使用情况判断是否支持用户的注销申请。（2）根据适用法律的要求删除用户的个人信息。若删除个人信息从技术上难以实现的，平台会进行匿名化处理，或停止除存储和采取必要的安全保护措施之外的处理，但法律法规另有规定的除外

续表

平台公约	信息处理	信息共享	信息公开	信息保存		
	是否委托第三方处理个人信息	是否与关联方或者合作伙伴共享	公开披露的条件	超出保存期间	用户删除个人信息	用户注销账号
网易云音乐隐私政策	仅允许有必要知晓这些信息的网易云音乐员工、合作伙伴访问用户的信息，并为此设置了严格的访问权限控制和监控机制。要求可能接触到用户的信息的所有人员履行相应的保密义务。如果未能履行这些义务，则会被追究法律责任或被中止与网易云音乐的合作关系	列举式+兜底条款	（1）单独同意的授权范围。（2）行政执法或司法要求	—	除法律法规另有规定外，可能不会立即从备份系统中更正或删除相应的信息，但会在备份更新时更正或删除这些信息	删除个人信息或进行匿名化处理，但法律法规另有规定的除外

注：√表示此类别的内容在互联网平台的公约中存在规范，—表示此类别的内容在互联网平台的公约中不存在相关规定。

(二) 人工智能的处理之"桥": 企业公开的数据合规

生成式人工智能的发展对数据价值创造提出了切实挑战——如何在保护个人隐私、尊重他方数据权益基础上, 实现数据价值挖掘? 为应对这一挑战, 企业分别从技术、治理、价值三个领域展开了积极的探索。

人工智能企业的技术逻辑如表5所示。

需要特别注意的是, 在技术领域以联邦学习 (Federated Learning)、差分隐私 (Differential Privacy)、安全多方计算 (Secure Multi-Party Computation) 为代表的隐私安全技术, 尝试在保障隐私和数据安全的前提下, 为企业进一步挖掘数据价值、创造社会福祉带来新的解决方案。[1] 隐私安全计算是指在保护数据本身不对外泄露的前提下能够实现数据分析计算的一类信息技术。[2] 据估计, 2025年之前将有一半的大型企业、组织采用隐私安全计算技术, 以在不受信任的环境和多方数据分析中处理数据。[3] 国内外的各种隐私计算联盟也在不断组建, 关于隐私安全计算的基础研究如火如荼。在国际层面, Linus 基金会设立的机密计算联盟 (Confidential Computing Consortium) 在2023年会员数量猛增六成, 其中不乏 Facebook、AMD、英伟达、埃森哲等企业[4], 而该联盟的创始会员更包括阿里、腾讯、ARM、谷歌、英特尔、微软、百度、华为等国际级企业。

---

① 腾讯研究院:《2020年数据治理年度报告》, 第49页。

② 中国信息通信研究院云计算与大数据研究所, CCSATC601 大数据技术标准推进委员会:《安全多方计算技术与应用研究报告》, 第5页。

③ https:// www. gartner. com/en/newsroom/press - releases/2020 - 10 - 19 - gartner - identifies - the - top-strategic-technology trends-for-2021 (最后访问时间为2023年9月10日)。

④ https://www. coindesk. com/facebook-iotex-and-r3-among-new-members-of-confidential-compu-ting-consortium (最后访问时间为2023年9月10日)。

表5　人工智能企业的技术逻辑

技术体系			
技术探索			已引入/已有成熟技术的企业
步骤1	为信息处理提供可信的可执行环境	机密计算	ARM：TrustZone
			英特尔：SGX
步骤2	以分散方式执行数据处理和分析	联邦学习	模型训练	谷歌：GBoard
			模型推理	英伟达医疗与MELLODDY合作
步骤3	处理和计算前进行数据转化	信息混淆技术	差分隐私	苹果：iOS系统
		密码学技术工具技术	添加同态加密、零知识证明、秘密共享	
治理体系			
治理制度			
算法安全规范			法律
			行政法规
算法备案指引			主体责任
			公示要求
			协同机制
			填报事项
算法应用干预机制			生成合成类
			个性化推送类
			排序精选类
			检索过滤类
			调度决策类
组织架构			
治理能力			
价值体系			
人人受益		责任担当	开放共享

四、"三线合一"的路径：信息的安全港湾

（一）数据安全港的保护实操

本团队调研温州数据安全港、阿里巴巴智能研究院等机构，希望通过"三线合一"的路径构造平台责任，从而让信息落入"安全港湾"。要确保数据在存储、传输和访问过程中的安全性，推动价值线、安全线、管控线"三线合一"，实现数据保护，保障数据安全。

首先，在价值线上，生成式人工智能平台可建立完善的数据保护策略，包括对数据进行分类、加密和备份等措施，保障数据的完整性和可用性。其次，在安全线上，采用多层次的安全措施，如网络防火墙、身份验证和访问控制等技术，保护数据免受未经授权的访问和恶意攻击。最后，在管控线上，可以建立监控和审计机制，及时发现和应对数据安全事件，同时制定合规性和风险管理政策，确保数据在合规范围内使用。

1. 价值线

（1）数据的内/外部订阅业务。数据的内/外部订阅可分为 API 网关服务和计量计费两方面。一方面，通过建立 API 网关服务，形成接口服务目录，统一管理对外、对内服务，并对 API 订阅进行授权审批，提供服务的限流、熔断、鉴权、监控、协议兼容、流量控制、健康检查等，可以有效地提高接口服务能力。另一方面，计量计费调用服务数据后，可以通过订阅的计费方式进行收费。以调用数据次数、调用的周期时长或调用数据最后产生的价值进行分红计费。但由于目前数据价值难以被定义，所以此种方式及其他特殊数据的特殊计费方式暂时并未得到普及。

（2）数据可视化辅助业务。对于价值线上的数据可视模块，则着力推动数据可视化辅助业务分析。一方面，要加强数据可视化能力。支持通过拖拽固有的图表组件，快速搭建可视化页面；变换简单灵活、操作门槛低、通过拖拽即可完成可视化界面配置；支持随时随地响应业务需求，一次配置页面，

数据自动更新。另一方面，要提高数据分析能力。支持自主分析，通过拖拽字段的方式进行数据绑定、界面添加、修改图表组件；支持内置模板，快速呈现数据；支持非专业用户独立完成业务数据分析。

（3）策略和模型赋能业务。要实现价值线上的价值应用就要依靠策略和模型赋能业务决策。可以通过训练和部署上线模型，以业务策略配置、规则配置、回溯测试等一系列流程配置人工智能平台的能力，实现上层业务系统的智能决策，以赋能如征信评分、风险决策、保险核保、反欺诈、客户分层、沉睡客户激活、拉新等数据应用。

2. 安全线

在安全线中，关注数据的全生命周期是确保数据安全的重要方面。数据的全生命周期包括数据的采集、传输、存储、使用、共享和销毁等阶段。

为了实现全生命周期的数据安全，可以采用安全体系模型来建立一个全面的安全框架。安全体系模型（IPDRR）通常包括以下五个关键方面：I—风险识别、P—安全防护、D—安全监测、R—安全响应、R—安全恢复。在安全事件发生时，可以根据安全事件状态、动作进行相应的识别和评估、监控和预警、审计和恢复等处理，以保证人工智能平台中的数据安全。通过这些方面的综合应用，围绕安全线中的数据全生命周期、安全体系模型和安全事件状态、动作，建立起一个全面的数据安全策略，确保数据在各个阶段都得到有效的保护，并能够应对安全事件的发生。

（1）数据分类分级。通过数据分类分级，构建分类分级整体框架，可以方便企业对数据实施保护措施从而降低数据泄露的风险，加强对数据隐私的保护。数据分类分级的具体方法分为数据分类方法和数据分级方法。

首先，数据分类方法是指将企业数据分为若干数据大类，然后按照大类内部的数据隶属逻辑关系，将每个大类的数据分为若干层级，每个层级分为若干子类，同一分支的同层级子类之间构成并列关系，不同层级子类之间构成隶属关系。所有数据类及数据子类构成数据资源目录树，为数据分级奠定基础。其次，在数据分类的基础上，根据企业数据的重要程度，以及泄露后对国家安全、社会秩序、企业经营管理和公众利益造成的影响和危害程度，可将企业网络数据资源进行分级。

（2）数据识别、筛选与脱敏。数据采集并分类分级后，需要对敏感数据进行主动识别，完成数据的筛选，并对敏感数据进行动态或静态脱敏。数据脱敏（Data Masking）是指通过对敏感数据进行变形处理以降低其敏感程度，可分为静态脱敏和动态脱敏两类（见表6）。在算法上，常见的脱敏算法可分为屏蔽、加密、随机、替换和变换等。

表6　数据脱敏分类及区别

分类	静态脱敏	动态脱敏
技术路线	进行完整数据集的抽取和一次性整体数据变形处理	针对数据访问请求或请求结果进行监控和干预，分析用户权限，并运用脱敏规则对请求或请求结果进行改写
技术成熟度	相对成熟	初步发展阶段
典型使用场景	生产数据在研发、测试等环境中的保护，或外部数据的脱敏使用	生产敏感数据在实时展示方面的保护
部署方式	在生产环境中部署脱敏设备，数据在生产环境中完成脱敏后，导入研发阶段，测试环境	在生产应用服务器和数据库之间以代理模式部署脱敏设备，并在应用服务器部署插件
数据内容	数据已改变	对展示数据进行脱敏，生产数据未改变

此外，隐私计算技术架构还包括展示层、调度管理多方安全计算、联邦学习、TEE 等方面，涉及密码学算法、联邦算法学习等技术，通过结合隐私保护协议、隐私计算平台和隐私保护策略，实现对数据隐私的保护并允许进行计算和分析。这种架构不仅可以帮助数据持有方安全地共享数据和进行联合计算，还能够促进数据的有效利用和创新应用。

（3）API 全生命周期监测。程序接口（Application Program Interface，API）在《生成式人工智能服务管理暂行办法》中对网络服务提供者（ISP）规范处理个人数据作出规正的前提下，规制其全生命周期监测可以实时发现 API 接口鉴权失效、敏感信息展示不当、过量数据暴露风险、第三方通过 API 违规留存数据等问题，及时采取处置措施，保护日常数据处理活动的安全、合规、有效。①

全生命周期监测可以从接口上线、接口运行、接口下线分别进行。接口上线环节聚焦接口自动识别、接口审计、接口导入等；接口运行环节聚焦接口信息备案、接口互联关系发现、接口合规性监测、接口数据泄露监测、异常访问行为监测等；接口下线环节聚焦接口下线管理、废置接口监测等。通过对接口生命周期各环节进行有效的监测，可以降低数据被不当入侵或泄露的风险。

（4）R—安全响应。《中华人民共和国网络安全法》《中华人民共和国数据安全法》与《中华人民共和国个人信息保护法》均对风险后的"补救"内容有所规定。R—安全响应从事件响应和应急预案中构筑保护人工智能平台数据的安全线。当告警事件波及层面比较广、数据量比较大、时效要求比较高时，事件升级，人工智能平台将启动应急预案。

3. 管控线：主体间的义务"博弈"

数据全生命周期涉及数据采集、数据传输、数据存储、数据使用、数据共享和数据销毁。为此构筑的管控体系，应包括数据管控、用户管控和操作管控三方面，全面覆盖组织管理和规章制度。此处可以通过"避风港原则"对管控线中的义务范式进行说理。学界对于"避风港原则"的臻于至善表明了其认可"避风港原则"在司法实务中的出色适用性，但同时也意识到该原则亦存在着不容忽视的弊端与漏洞。一是ISP仅承担被动作为义务，即ISP只有在收到侵权通知时才采取删除措施，同时会出现误删或漏删的情形也说明了ISP不承担审查义务；二是ISP缺乏主动作为义务，只有在提升数据安全管理水平的同时也承担相应的安全保障义务与注意义务，才能更加高效地制止侵权行为，显著提升网络用户维权的效率，从而保障数据安全与网络用户的合法权益。因此，在肯定"避风港原则"的适用优势之时，也要进一步完善该原则的内在运用机制，以协助ISP实行合法经营与自律管理，同时更为有效地维护个人数据权益。

---

① 刘振宇. 生成式人工智能的法律规制：承认还是再分配 [J]. 地方立法研究，2023, 8 (4)：38.

数据管控的目的就是按照组织规章制度及标准流程，对所有涉及出域和入域的数据进行安全合规管控，可从以下四个方面进行：①建立数据管理小组，由数据管理员牵头监督和执行，负责实施有关数据保护的计划与处理相关数据。②制定数据合规管理流程，以及数据接入、输出流程的标准，确保所有数据的接入、输出都经过部门负责人及相关专业人员的审查和授权，所有的处理流程可以被追踪和记录，以确保数据处理的合规性。③数据安全法务评审，由法务等专业人员对数据进行审查和分析，了解是否存在违规行为和安全漏洞，并制定如数据隐私协议、是否授权加工协议等数据合规政策和规定，以确保其符合各种监管要求和法律法规。④数据共享，汇总公司数据资产，明确管理和技术流程，限制相关人员对数据的处理和访问权限。

(二) 平台责任论：平台风险治理

平台在不同维度有着不同的功能定位：从技术架构来看，平台是供多方开展交互活动的信息网络系统；从法律关系来看，平台是能够降低多方交易成本的格式合同的集合体；从生态系统来看，平台是新型经济生态系统；从组织演化来看，平台是商业组织演化的高级阶段。基于多种身份角色的平台主体风险体系，法律责任是未处置相关风险导致未履行法定义务的需承担的法律后果 (见表7)。

表7 平台主体风险体系

身份	市场经营者	平台生态建设者和管理者	被政府监管者	社会系统组成者 (之一)
目标	合法地追求最大利润	合规地保持生态系统的健康、秩序稳定	依法经营、配合监管	以最小成本获得公众尊重和认可
责任	经营责任	管理责任	配合监管责任	社会责任
主要风险	违约 (合同、协议)	违规 (有规则，违反平台规则管理)	经营行为违法违规	舆情发酵
	侵权	滥用管理权 (无规则进行管控)	管理行为违法违规	品牌价值损失
	其他	其他	其他	引发监管

续表

判定标准	合同条款	有无平台规则	监管相关法律法规	普通用户个人道德
	影响对象：其他主体	规则是否公平、合理、无歧视	监管规范性文件	公序良俗
	行为后果：对其他主体造成的风险或损失	对被管理对象的影响：商家、用户	监管通知	社会正向价值观
主要后果	赔偿	撤销管理措施	约谈要求整改	品牌价值下降
	支付违约金	赔偿	处罚并公告	市场份额下降
解决途径	协商	协商	前：合规先行，产品无害	公共利益：如公益活动
	仲裁	仲裁	中：提前发现，主动合规	环境保护
	诉讼	诉讼	后：积极整改，降低影响	企业价值观

五、人工智能中立性与发展进路

决定上述选择的一大重要因素是关于人工智能中立性的争论。自生成式人工智能服务出现伊始，关于其技术中立①地位的争论就已甚嚣尘上。支持者主张，与"避风港原则"所适用的对象类似，生成式人工智能具有中立的实质性非侵权用途，为了产业的健康发展，不应对其课以严格侵权责任②，部分人工智能服务提供者亦试图通过用户协议中的声明性条款来强调自己的技术

---

① 技术中立，指技术本身无善恶，技术提供者无法干预技术的用途，故不应当对他人使用技术的后果承担责任。《美国著作权法》512条（a）（b）节、《欧盟电子商务指令》第12～13条和我国《信息网络传播权保护条例》第20～21条都有网络服务提供者满足技术中立条件后可以免责的规定。上述立法中对于技术中立的解释都比较相似，均要求网络平台在服务提供过程中维持自动、被动的技术性角色以避免承担侵权责任。我国和美国的有关规定仅限于著作权侵权领域，而欧盟法律的适用范围则更广泛。

② 姚志伟，李卓霖. 生成式人工智能内容风险的法律规制［J］. 西安交通大学学报（社会科学版），2023，43（5）：147-160.

中立地位，虽然由于"算法黑箱"的存在，这种声明尚不能充分得到法律上的确信。① 反对者则指出，生成式人工智能服务提供者不同于传统的、被动的技术服务角色，其深度介入数据收集和内容生成的全过程，对侵权内容的产生有着决定性影响，认定其居于中立地位而适用传统的法律规则并不妥当。② 这一争论的结果决定了生成式人工智能服务提供者是否有可能进入、以何种标准进入某个类似"避风港"的"安全港"，在侵权诉讼中取得责任承担的豁免。目前至少可以确定的是，侧重侵权传播环节的"避风港"制度无法直接适用于生成式人工智能服务，其侧重内容生成环节的特点呼唤着新的规制路径的出现。③

除技术中立性外，考量生成式人工智能服务提供者侵权责任的另一个角度是社会宏观经济效益，较为有效的分析工具是最小防范成本原则。最小防范成本原则是法经济学的基本原则之一，出自市场威慑理论，主要被用于处理侵权法（Tort Law）和契约法（Contract Law）上的问题。其核心观点可以概括为，对于某一项可能发生的意外或过失，由社会决定某个人是最小防范成本负担者，该最小防范成本负担者应满足：第一，在有可能防范损失的主体中其采取防范措施承担的成本最小；第二，其防范成本应小于预期损失。④ 若满足上述条件，则由该行为人自身决定是采取预防措施还是承担损失。从最小防范成本原则的角度来看，事后侵权责任的配置实质上是对不同法律主体事前预防成本的合理分配，预防成本越小的主体在侵权发生时所承

---

① 例如《ChatGPT 使用协议》第 3（a）条指出："在现行法律允许的范围内，用户拥有输入内容的所有权，且在遵守协议前提下，OpenAI 公司向用户转让输出内容的所有权利权益。从双方职责划分来看，OpenAI 公司遵守法律法规及协议，可在必要的情况下使用用户提供的内容。用户对内容负责，包括确保不违反任何现行法律或用户条款。"这一条款被视为有逃避责任之嫌，基于算法的复杂性和非公开性，不论是普通用户还是司法人员都难以掌握 ChatGPT 真实的操作逻辑，遑论判断侵权行为是否在算法运行过程中产生，如果一概承认此类条款的效力，则会使用户在事实上居于不利地位。

② 徐伟. 论生成式人工智能服务提供者的法律地位及其责任：以 ChatGPT 为例［J］. 法律科学（西北政法大学学报），2023，41（4）：69-80.

③ 司晓. 奇点来临：ChatGPT 时代的著作权法走向何处：兼回应相关论点［J］. 探索与争鸣，2023（5）：79-86，178-179.

④ 虞婷婷. 网络服务商过错判定理念的修正：以知识产权审查义务的确立为中心［J］. 政治与法律，2019（10）：123-133.

担的责任便越大。①

在生成式人工智能的工作流程中，可能的侵权防范主体包括服务提供者与分散的权利人，对于传统的网络服务商，主流观点认为其承担审查义务的成本过高，反而权利人有一种特殊的地位，能够自行评估侵权的损失和网络传播带来的效益②，因此应当居于最小防范成本人地位，这一论断实际上也可以视为"技术不能"的另一种表达方式，参与构成了诸如"通知—删除"等规则的理论基础；而由于技术原理、服务类型等方面的革新，以 ChatGPT 为代表的生成式人工智能服务提供者难以被归入传统的服务主体类型，人工智能时代的权利人对于个人信息控制力的进一步下降也是无法忽视的现状，此时理应将两者的侵权预防成本重新进行对比，得出符合整体经济效益的结果，并以此决定公共责任的天平向哪一方倾斜，这亦是本调研报告行将探讨、尝试解决的问题。

"法律是一种不断完善的实践"③，通过单次法律实践一劳永逸地解决现实问题的愿景注定会落空。在新的技术背景下，基于理论正义、行业现状、政策成本等因素，重新思考生成式人工智能服务提供者、权利人和广大网络用户之间的利益平衡，明确是个人信息权益的边界应当对新时代便捷自由的信息流通作出适当让步，还是严格控制算法权力的过度扩张，将人工智能限于权益保护的藩篱之外，是本报告研究的重中之重。

---

① 李安. 智能时代版权"避风港"规则的危机与变革 [J]. 华中科技大学学报（社会科学版），2021，35（3）：107-118.

② 李明德. 美国知识产权法：第 2 版 [M]. 北京：法律出版社，2014：446.

③ 美国著名法学家、哲学家罗纳德·迈尔斯·德沃金（Ronald Myles Dworkin）指出"Law is a kind of practice that is constantly improving."。

川渝地区高校职务科技成果
赋权改革实施效果调研*

—— 以重庆理工大学为例

一、引言

在当今全球创新驱动的时代，高校作为科学研究和创新活动的重要主体，扮演着愈加关键的角色。在这一现状下，高校的职务发明权属问题备受关注。职务发明权属牵涉到高校教职员工创造的知识产权的所有权，其规定对于创新动力的激发和科技成果的有效转化具有重要意义。不容忽视的是，2020年5月，科技部与其他八个部门联合发布了《赋予科研人员职务科技成果所有权或长期使用权试点方案》（以下简称《方案》），标志着我国对于职务科技成果权属问题的立场逐渐从"赋权科研单位"模式向"赋权科研人员"模式转变。[1] 传统上，高校职务发明的所有权一直完全归属于高校，然而，在现代科技和商业环境中，这一权属制度逐渐显现出一些局限性。为了更有效地激发创新潜力并促进科技成果的市场转化，各高校开始着手探索职务发明权属的混合所有制改革，即将部分权益归属于职务发明者或其他合作伙伴。本调研报告选取川渝地区为调研地，对于职务科技成果权属改革实施效果进行调研，选取重庆理工大学深入调研权属改革实施过程中出现的问题，以期为川渝地区高校制定政策提供有益参考。

---

　* 作者：黄丹、李莹，重庆理工大学重庆知识产权学院知识产权管理专业2022级硕士研究生。

二、调研概况

（一）文献法

本次调研通过对川渝地区科技成果转化政策、川渝地区各高校职务科技成果赋权改革政策进行搜集整理，了解了川渝地区职务科技成果赋权改革脉络和历程。在文献整理时，在宏观层面侧重于把握政府层面的政策文件的总体趋势和对改革的影响，强调政策的大框架、目标和宏观影响。在微观层面则需要对川渝地区高校的政策文件进行详细阅读、对比和解析，以便了解各高校的政策细节、操作规定和实际执行情况。这包括政策文件中的具体规定、高校的政策实施情况以及可能存在的问题和挑战。通过对宏观层面和微观层面的综合分析，可以全面了解职务科技成果赋权改革的政策背景和实际情况，为未来的研究和政策制定提供合理的建议。

（二）数据挖掘法

《方案》规定，试点单位可以结合本单位实际，将本单位利用财政性资金形成或接受企业、其他社会组织委托形成的归单位所有的职务科技成果所有权赋予成果完成人（团队），试点单位与成果完成人（团队）成为共同所有权人。因此，本文主要选取申请人为高校和科研人员共有专利权的情形。本次调研使用 incoPat 专利检索系统，申请人类型选定川渝地区高校和科研人员，在 2010 年至 2023 年的时间范围内，批量检索川渝地区高校和科研人员作为共同申请人的发明专利。通过数据分析方法，对职务科技成果赋权改革背景下川渝地区高校的共同申请专利的总体情况进行分析，包括对共同申请专利数量、授权数量和专利技术领域等方面的研究，以探讨样本高校的专利活动趋势和分布情况，进而评估赋权改革对专利活动的影响。此外，还分析了高校与科技成果完成人共同申请专利的商业化利用情况、技术转让、合作和产业化效果，以全面了解职务科技成果权属改革对科技创新和知识产权产业化的实际影响。

（三）个案研究法

本次调研选取重庆理工大学作为研究个案。重庆理工大学一直以来在科技成果转化工作方面表现出色，曾得到科技部、教育部等部委的高度认可和充分肯定。近年来，该校以转让、许可、作价投资方式转化科技成果的合同金额迈入全国高校院所百强，并先后获批教育部首批高等学校科技成果转化和技术转移基地、国家知识产权试点高校。近年来，作为推动成渝地区双城经济圈建设的重要改革任务，重庆大力开展赋予科研人员职务科技成果所有权或长期使用权试点工作。作为试点高校，重庆理工大学于 2021 年通过了《重庆理工大学赋予科研人员职务科技成果所有权或长期使用权改革试行方案》。本次调研通过访谈与问卷调查相结合的方式，对该校的职务科技成果赋权改革实施情况进行了深入的调研。

三、川渝地区高校职务科技成果改革实施效果

（一）数据来源

本文通过 incoPat 专利检索系统，检索专利申请人类型为高校（u）和科研人员（p），检索式为"ap-type＝u and p"，检索时间为 2023 年 9 月 30 日。然后通过申请日、申请省份和专利类型进行筛选，选择时间为 2010 年至 2023年，省份为四川和重庆，专利类型为发明，检索得到包括重庆理工大学、重庆大学、四川大学等共计 74 所川渝地区高校的 1188 条专利，其中重庆科技学院的数量最多，总计 152 件专利共同申请，共计发明专利授权 698 件，有效专利 386 件。通过分析系统对专利申请趋势、专利质量、技术分析等多个维度进行计量分析。

（二）专利分析

1. 申请量年度趋势分析

2010—2012 年，川渝地区高校和科研人员共同申请专利量逐年增长，2013—2014 年，申请量小幅下降，2014—2016 年，增长趋势显著，2016 年达到顶峰的 231 件。2017 年比 2016 年下降了 66.7%，专利量又下降至 100 件以下。2018—2020 年，申请量又出现小幅提升，之后仍逐年下降。（2023 年数据不完全）

2. 法律状态分析

2010—2023 年，川渝地区高校和科研人员共同申请的发明专利当中，无效专利 641 件，占比 53.96%。在 641 件无效专利当中，未缴年费和撤回的专利共 480 件，占全部无效专利的 74.88%，这是主要的无效原因。被驳回的专利有 160 件，占比 25%。2010—2023 年川渝地区高校和科研人员共同申请并授权的专利数量和有效专利数量如表 1 所示。

表 1　2010—2023 年川渝地区高校和科研人员共同申请并授权的专利数量和有效专利数量

申请年份	授权的专利总数量（件）	有效专利数量（件）	有效专利维持年限（年）	专利有效率（%）
2010	16	2	13	12.50
2011	65	10	12	15.38
2012	71	11	11	15.49
2013	45	13	10	28.89
2014	45	24	9	53.33
2015	123	68	8	55.28
2016	145	79	7	54.48
2017	46	41	6	89.13
2018	26	24	5	92.31
2019	35	33	4	94.29
2020	55	55	3	100
2021	18	18	2	100

续表

申请年份	授权的专利总数量（件）	有效专利数量（件）	有效专利维持年限（年）	专利有效率（%）
2022	7	7	1	100
2023	1	1	0	100
总计	698	386	—	55.30

由表 1 可以看出，2010—2023 年，此类共同申请的发明专利的维持有效率整体呈上升趋势，2020 年之后维持有效率达 100%。授权的专利总量为 698 件，其中有效专利 386 件，整体维持有效率为 55.30%。其中，由四川大学和科研人员赵明久于 2010 年共同申请的名为"一种增韧 MC 尼龙共混材料及其制备方法"的发明专利，于 2014 年获得授权，截至 2023 年，已维持长达 13 年。

3. 专利技术领域分布

通过对专利进行国际专利分类号（IPC 号）分布的分析，既可以判断创新的集中区域或热点区域，也可以判断其中涉及的技术领域及发展趋势。对川渝地区高校和科研人员 2010—2023 年共同申请的发明专利数据的技术领域分布分析，共涉及 7 个区域。其中，G（物理）部 358 件，占比 30.13%；A（农林日用）部 334 件，占比 28.11%；B（作业、运输）部 245 件，占比 20.62%；C（化学、冶金）部 210 件，占比 17.68%；H（电学）部 107 件，E（固定构造）部 97 件，F（机械工程、照明、加热、武器、爆破）部 84 件，分别占比 9.01%、8.16% 及 7.07%。

4. 专利价值度分析

专利价值度是判断专利价值的重要途径，incoPat 系统可以对专利价值进行初步判断并评分，称为合享价值度。合享价值度只要从技术稳定性、保护范围和技术先进性三个维度对专利价值进行综合衡量，满分 10 分。如表 2 所示，2010—2023 年川渝地区高校和科研人员共同申请的发明专利中，合享价值度为 8 分的专利为 88 件，占比 7.41%；合享价值度为 9 分的专利为 311 件，占比 26.18%；合享价值度为 10 分的专利有 24 件，占比 2.02%。共同申请的发明专利中，合享价值度在 8 分以上的仅占总数的 1/3，由此可见，共同申请的发明专利中，高价值专利占比并不高。

表2 2010—2023年川渝地区高校和科研人员共同申请的专利合享价值度8分及以上统计

合享价值度（分）	共同申请专利数量（件）	共同申请专利占比（%）
8	88	7.41
9	311	26.18
10	24	2.02

5．运营状态分析

在386件授权专利中，转让69件，占比17.88%；许可14件，占比3.63%；质押5件，占比1.30%。其中，重庆广播电视大学和科技人员张庚于2015年申请的名为"摆杆驱动式检测装置"的发明专利，2017—2021年共发生了6次转让。据统计，2010—2023年，川渝地区高校发明专利授权共80056件，其中转让5978件，占比7.47%；许可595件，占比0.74%。许可和转让均表示专利成果获得他人认可并使用。由此可见，川渝地区高校和科技人员共同申请的发明专利发生转让和许可的比例均高于高校单独作为申请人的发明专利。

(三) 结论与讨论

1．共同申请专利趋势受权属改革制度影响

一直以来，四川省坚持科技创新与制度创新"双轮驱动"，在全国率先探索开展职务科技成果权属混合所有制改革。2010年，西南交通大学率先开展高校职务科技成果赋权改革，成为第一个"吃螃蟹的人"。2010年也被称为高校职务科技成果权属改革元年，由此开始了川渝地区科技成果权属制度的探索。2010—2014年，共同申请专利数量整体呈上升趋势。2015年，共同申请专利数量出现大幅提升，究其原因是在2015年11月，四川省发布的《中共四川省委关于全面创新改革驱动转型发展的决定》中明确规定，在全省包括西南交通大学在内的部分高校和院所开启职务科技成果混合所有制权属改革试点。随后共同申请专利数量在2016年达到顶峰，但在2016年之后共同申请专利数量整体呈下降趋势。在 2015 年之后，《中华人民共和国促进科技成果转化法》修正完成，其中明确"将科技成果使用权、收益权、处置权下放给单位"，但同时也规定了"不得变更其权属"，这使权属改革需要承担更多的压力和风险，职务科技成果混合所有制的探索热度下降，共同申请专利数量也逐年下降。

相较于四川省，重庆市的职务科技成果赋权改革开始较晚，2020 年，重庆市科学技术局等十部门共同出台《重庆市赋予科研人员职务科技成果所有权或长期使用权试点实施方案》，在西部（重庆）科学城、两江新区、全市各国家高新区和环大学创新生态圈选择 20 家高校和科研院所开展试点。共同申请专利数量在 2020 年又出现了小幅度提升。由此可以说明，高校和科研人员共同申请专利趋势受当地职务科技成果权属改革制度影响，共同申请专利热度的变化与科技成果转化制度变迁密切相关。

2. 管理不善是导致共同专利失效的主要原因

通过对专利的有效性分析发现，共同申请的专利半数以上处于已经失效的状态。在已经失效的专利中，又有大半是因为未缴年费和撤回。未缴年费的原因无外乎专利质量不高、放弃缴纳和专利管理不善错过了缴纳年费时间等。专利撤回有两种情况，即主动撤回和视为撤回。主动撤回是指申请人主动放弃获得专利权，视为撤回通常情况下是指未在规定期限内答复审查或提交相应材料，高校与科研人员虽共同申请了专利，但由于后期管理不当造成专利失效。由此说明，高校职务科技成果权属改革存在配套机制不完善、权责划分不清等现实问题，要更好地落实权属改革，就需要不断完善相应的配套管理机制。

3. 权属改革对于激励成果转化有一定现实意义

通过对专利运营状况分析发现，共同申请专利相较于高校作为唯一权利人的专利，其发生转让和许可的专利数量占比较高。发生转让和许可均表示科技成果获得他人认可和使用，是专利市场价值的体现。[2] 权属改革促使高校和科研人员共同成为专利权人，使得共同申请专利拥有多方主体集思广益和群策群力的优势，每个人都积极主动推广专利技术，信息来源和资源条件大为拓展，使专利技术转移转化加速。由此可见，高校职务科技成果权属改革对于激励科技成果转化具有一定的现实意义。

4. 权属改革对于专利质量提升作用并不明显

通过对专利价值度分析发现，高校职务科技权属改革并不能提升专利质量。专利质量是成果转化的重要影响因素之一。共同申请专利当中，价值度在 8 分以上的专利仅占总数的 1/3。据统计，川渝地区 2010—2023 年高校作为唯一申请人的 80056 件发明专利当中，价值度在 8 分以上的专利为 53324 件，占比 66.61%，远高于共同申请专利。由此可见，共同申请专利并不能提升专利质量，高校职务科技成果权属改革对于提升专利质量的作用也并不明显。

四、重庆理工大学职务科技成果赋权改革调查

在对川渝地区高校整体的共同申请专利进行检索之后，筛选出重庆理工大学的共同申请专利共计 12 条，总体数量与其他高校存在较大差距，值得注意的是，其中有 6 件共同申请专利申请于 2022 年，也就是重庆理工大学发布《重庆理工大学赋予科研人员职务科技成果所有权或长期使用权改革试行方案》之后。由此表明，重庆理工大学职务科技成果赋权改革的实施虽有一定效果，但并不明显。以下通过对重庆理工大学一线科研人员的调查，了解了重庆理工大学赋权改革的具体实施情况。

(一) 调查方法

1. 问卷调查法

基于学科特点及调研目的，本调研选取重庆理工大学的理工科学院作为问卷抽样调查的对象，分别是：车辆工程学院、材料科学与工程学院、机械工程学院、电气与电子工程学院、计算机科学与工程学院、药物与生物工程学院、化学化工学院、两江人工智能学院、国际学院和理学院。问卷对象人群聚焦于科研人员，旨在调研他们对于本校的职务科技成果赋权改革的了解

度、满意度、动力、阻碍以及建议等相关信息，共计收集到 147 份问卷数据，剔除无效问卷，对问卷的量表题项通过 SPSS 软件进行信度分析，克龙巴赫 α 系数为 0.877。

2. 访谈法

本次调研选择重庆理工大学的 20 位相关科研人员作为访谈对象，涵盖了计算机科学与工程学院、材料科学与工程学院、机械工程学院、车辆工程学院以及化学化工学院的不同领域。访谈采用线上和线下相结合的方式进行，旨在了解对方对于重庆理工大学职务科技成果赋权改革的看法和经验。访谈调研后整理和分析相关信息，为深入研究重庆理工大学职务科技成果赋权改革提供有价值的参考和支持。

（二）数据分析

1. 问卷数据分析

（1）科研人员对政策的了解情况。根据问卷调查结果，科研人员对于职务科技成果赋权改革政策的了解程度如下。有 17.01% 的科研人员表示他们对这项政策感到非常不了解，有 22.45% 的科研人员表示他们完全不了解这项政策。此外，有 34.69% 的科研人员表示他们对这项政策的了解程度一般，有 16.33% 的科研人员表示他们对这项政策有一定了解，仅有 9.52% 的科研人员表示他们非常了解这项政策。由此可以看出，学校在宣传这项政策方面还有进一步提升的空间。为了提高科研人员对于这项政策的了解程度，需要采取更多的宣传措施和教育活动，以确保更多的人能够充分了解和理解这一政策的内容和影响。

（2）科研人员对赋权改革的态度。根据问卷调查结果，科研人员对本校关于职务科技成果赋权改革的支持程度具有明显的上升趋势。数据表明，对于这项改革有所了解的科研人员普遍持支持态度。具体而言，有 22.09% 的科研人员对这项改革态度一般，这表明他们对改革有一定了解，但态度尚不明确。另外，有 41.86% 的科研人员明确表示支持这项改革，有 36.05% 的科研人员表示非常支持。这些数据反映了改革政策在科研人员中获得了广泛的认可和支持。总体而言，这一支持趋势对于改革的成功实施具有积极作用。它表明学校在向科研人员传达政策信息和目标方面取得了一定的成功，但仍需要继续努力，以确保政策的顺利实施和科研人员的积极参与。这也为学校未来的政策宣传和改革推进提供了有力的参考和坚实的基础。

（3）赋权改革带来的潜在好处。科研人员对于职务科技成果赋权改革给其团队带来的潜在好处的调研结果如下。首先，有73.03%的科研人员认为赋权改革可以激发转化动力，这表明科研人员普遍认为改革可以提高科技成果的转化意愿和积极性，从而促进科研成果更好地应用于实际生产和创新活动中。其次，有70.79%的科研人员认为赋权改革可以激发创新动力，这一结果反映出科研人员普遍看好改革对创新的积极影响，认为改革有助于推动更多的创新活动和科研项目的开展。再次，有67.42%的科研人员认为赋权改革有助于提升他们的个人价值，这表明科研人员认为改革将为他们提供更多的机会，进一步发挥自身专业优势，提升自身的职业价值和社会地位。从次，有62.92%的科研人员认为改革可以提升创新质量，这反映了他们对于改革能够推动科研工作更加高质量和高效的信心和期望。最后，虽然相对较少的人（44.94%）认为赋权改革可以优化资源分配，但这一观点仍然值得关注，这反映出一部分科研人员对资源分配的期待，期望改革能够更公平、更合理地分配科研资源。

（4）赋权改革的风险与障碍。科研人员对于职务科技成果赋权改革可能会带来的风险与障碍的调研结果如下。首先，有58.43%的科研人员认为这项改革可能需要承担更多的成果转化商业化风险，这表明一部分科研人员担心，在积极推动科技成果转化的过程中，可能需要面对商业化方面的不确定性和风险。其次，有47.19%的科研人员认为这项改革可能需要面对更复杂的管理问题，并需要建立更复杂的评估和监管体系，这反映出一些科研人员担心改革可能会带来管理方面的挑战和更高的管理要求，需要建立更为完善和有效的管理机制。再次，有46.07%的科研人员认为这种赋权改革可能会过分追求应用研究而忽略基础学科研究，这表明一部分科研人员担心改革可能导致基础学科研究的不足，而过度强调应用研究。最后，有38.2%的科研人员认为可能需要承担更多的知识产权纠纷风险，这反映了一些科研人员对知识产权问题的担忧，认为在成果转化过程中可能会涉及知识产权纠纷，因此需要更好地管理和解决这些问题。

综合以上调研数据可以看出，尽管科研人员普遍看好职务科技成果赋权改革的潜在好处，但也存在一定的担忧和风险顾虑。这些风险包括商业化风险、管理问题、基础学科研究的忽视以及知识产权纠纷。因此，在推进改革的过程中，需要综合考虑这些因素，并制定相应的政策和措施，以降低风险并确保改革的顺利实施。这些观点将为学校和决策者在改革政策的制定和实施过程中提供有力的参考和指导。

（5）科研人员在成果转化方面的需求。调查数据显示，仅有38.2%的科研人员表示他们有过成果转化的经历。科研人员对于成果转化方面的需求调研结果如下。首先，科研人员对资源共享平台的需求非常高，达到了76.4%，这表明科研人员渴望通过资源共享平台获取更多资源、开展更广泛的合作，并加速成果的转化和应用。因此，建立和完善资源共享平台非常重要，可以满足科研人员成果转化方面的需求。其次，有66.29%的科研人员表示他们有咨询服务的需求，这说明在成果转化过程中，科研人员常常需要专业的咨询和指导，以应对各种问题和挑战。提供咨询服务可以帮助他们更好地理解政策和流程，提高成果转化的概率。再次，有51.69%的科研人员对技术经纪人团队和构建容错机制有需求，这表明他们期望获得中介机构的支持，协助他们寻找合作伙伴和市场机会，同时也希望能够在尝试创新时降低风险，这些支持和机制对于推进成果转化非常重要。最后，有44.94%的科研人员表示他们需要成果价值评估服务，这意味着他们希望了解自己的科研成果在市场上的价值和商业化潜力，提供成果价值评估服务可以帮助科研人员更明智地决策和规划成果转化的路径。

（6）科研人员在成果转化方面的障碍。科研人员在成果转化方面存在的障碍的调查结果如下。首先，有59.55%的科研人员认为存在校企信息不对称问题，这意味着在成果转化过程中，学校和企业之间的信息流通可能不够顺畅，导致出现信息不平衡的现象。解决这一问题可能需要加强信息共享和沟通机制，以促进合作和转化。其次，有55.06%的科研人员认为缺少既懂市场又懂技术的人才，这反映出在成果转化过程中，需要具备跨领域技能的人才来协助科研人员了解市场需求并推动项目的商业化，因此，培养和吸引这样的人才是关键。再次，有47.19%的科研人员认为缺乏转化后的追踪机制，这意味着一旦科研成果被转化，就会由于缺乏跟踪和管理机制，而无法全面了解成果的实际应用和商业化效果，因此无法进行连续性的创新，而建立有效的追踪机制可以帮助监测成果的进展和成功度。最后，有46.07%的科研人员认为存在原始创新难的问题，这表明在一些情况下，科研人员可能面临着在原始创新方面遇到困难的挑战，从而影响成果的转化和应用。

2. 访谈数据分析

调查组采用扎根理论研究方法对访谈资料进行深度分析和编码。该方法包括一级编码（开放式编码）、二级编码（主轴式编码）、三级编码（选择式编码）。首先，通过阅读和分类原始资料，构建相关概念和范畴。其次，进行一级编码，挖掘细节和模式，初步归纳重要概念。再次，进行二级编码，深入理解和分类一级编码，形成有序主题。最后，进行三级编码，凝练核心概念和范畴，揭示它们之间的联系。该研究方法有助于系统理解访谈资料，构建深刻而有实质性内涵的理论框架。

（1）开放式编码。开放式编码是扎根理论构建模型的第一个步骤。其原理是将原始资料打散，对内容进行逐字逐句的定义凝练，按照其本身自然呈现的状态贴上标签并进行初始概念化，然后将这些简短的概念名称进行合并重组，归类得到新的类属范畴。本文通过对访谈记录分析和数次比较，最终得到94个开放式编码，两两比较分析其相关性之后得到76个基本概念。开放式编码自由节点编码示例如表3所示。

表3　开放式编码自由节点编码示例

编号	自由节点	原始语句
1	基础科研转化难	对于基础科研，如铸造铝合金，应用难度相对较大
2	规范转化	规范化的职务科技成果转化能解决法律问题，有助于形成意识，提高科技成果的实际价值

续表

编号	自由节点	原始语句
3	科研成果的连续性	通过用户反馈和问题解决来推动技术发展
4	专利转化与追踪	转化不仅是把专利卖给公司，还需要建立追踪机制，关注产生的效益、增值和其他影响因素
5	专利产业化难	产业化的难点，包括信息不对称、企业需求不明确等。建议设立专利交易集市并加强校企对接活动
6	科研深耕	在一个领域要持续深耕，只有在一个领域深耕数十年，才可能产生真正有价值的成果

（2）主轴式编码。在主轴式编码中，本文以开放式编码形成的概念为线索，明确众多开放性琐碎类属的差异与联系。通过聚类分析，进一步提炼和聚焦，使整个逻辑脉络逐渐清晰。通过再次挖掘访谈文本材料，对初步阶段的 94 个开放式编码进行相互关系的对比，并重新排列和组合了 76 个基本概念的关系和顺序，最终归纳成 19 个更具意义和完备性的基本范畴，如表 4所示。

表 4　开放式编码形成的初始概念及基本范畴

编号	基本范畴	概念
A1	组织与管理	保持透明度；拥有自主权；瞄准技术难点；瞄准战略行业需求；充分利用社会资源
A2	专业人才培养	专业人才队伍；专业人才价值；市场推广人才
A3	专业化科技成果管理	转化机制；转化难点；转化培训；转化渠道
A4	法律政策保障	制度保障；进行政策宣传
A5	构建有效的激励机制	改变考核体系；提供资助；更大的财政支持；经济收入分配
A6	专业化科技成果评价	公正公平的评价机制；技术效益；经济效益；社会效益
A7	专利市场化和产业化	大规模产业化；领域产业化难度；科研成果孵化成产业；专利质量和实际应用；新技术衍生和对行业的影响
A8	技术研发与战略	技术层面的谈判；技术对口问题；技术工程化；保持科研自信
A9	多部门协同合作	不同部门的支持；专业的孵化机构；团队合作
A10	规范转化流程	规范化操作；全流程转化；合理约定

编号	基本范畴	概念
A11	统一专利价值评估体系	高价值专利；衡量经济效应难；分领域价值评估；评估指标体系；建立权威高价值专利评估指标体系；实际价值
A12	转化动力不足	互信机制不足；促进科技成果转化；积极性不高；基础科研转化难；推动作用有限；优先与企业合作
A13	转化资金问题	专利费用较高；需要大量投入；税收较高；科研绩效奖励较少；经费支持
A14	构建国家级共享平台	大平台资源共享
A15	校企供需不匹配	企业需求不明确；信息不对称；明确产业需求；加强校企对接活动；建议设立专利交易集市
A16	构建追踪反馈机制	追踪反馈；构建成果转化闭环系统；不断迭代升级技术；科研成果的创新点和查新工作；科研成果的连续性；用户反馈；缺乏有效沟通反馈机制
A17	转化动机	实现社会价值；服务地方经济；更大的自由度；政策导向的企业专利囤积
A18	知识产权保护	专利侵权赔偿问题
A19	研究导向和应用导向权衡	过度关注转化反而可能影响研究的深度和长期性；科研深耕；新的创新理念

（3）选择式编码。选择式编码是在更高层次和更复杂水平上进行的编码。它重新审视原始材料，对从主轴式编码中得出的基本范畴进行系统剖析和验证补充。通过这一过程，本文聚焦于找出一个具有高度抽象性和理论涵盖力的核心类属，并以"故事线"的方式构建内部关系，形成理论框架。本文根据对 19 个基本范畴的继续聚类分析，最终得到 4 个主要范畴，即战略组织与协同管理、构建配套机制、法律政策规范体系、转化挑战与效能优化，如表 5 所示。

表 5　主轴式编码形成的主范畴

编号	主范畴	基本范畴
S1	战略组织与协同管理	A1 组织与管理；A9 多部门协同合作；A11 统一专利价值评估体系；A14 构建国家级共享平台

续表

编号	主范畴	基本范畴
S2	构建配套机制	A2 专业人才培养；A5 构建有效的激励机制；A10 规范转化流程；A16 构建追踪反馈机制
S3	法律政策规范体系	A4 法律政策保障；A6 专业化科技成果评价；A7 专利市场化和产业化；A18 知识产权保护
S4	转化挑战与效能优化	A3 专业化科技成果管理；A8 技术研发与战略；A12 转化动力不足；A13 转化资金问题；A15 校企供需不匹配；A17 转化动机；A19 研究导向和应用导向权衡

（三）重庆理工大学赋权改革实施问题

1. 政策宣传力度不够

在本次调研和走访过程中发现，重庆理工大学职务科技成果赋权改革相关政策的宣传力度不足。这一问题不仅限于政策本身的传播，还反映了科研人员与政策之间存在一种双向选择的关系。一方面，学校在制定相关政策之后，缺乏针对改革政策实施的目的、所要实现的目标向科研人员进行全面宣传，导致一部分科研人员对于该政策的存在、目标和潜在好处缺乏清晰的认知。另一方面，部分科研人员对于赋权意愿不强，习惯了之前的流程，只关心收益而不关心权属。另外，重庆理工大学的赋权改革政策，明确了成果完成人与学校按比例承担专利费用和享受权益。而在改革之前，成果完成人只享有获得报酬的权利，这导致在完成赋权之后成果完成人对于自己所要承担的专利费用以及各种风险并不十分明确，学校宣传讲解不到位导致赋权改革效果不理想。

2. 成果转移转化困难较大

职务科技成果赋权改革的本质在于激活高校的专利资源，推动科技成果的转化，以确保其最终转化为生产力和创新力。然而，在对重庆理工大学的科研人员进行问卷调查和走访的过程中发现，目前成果转化存在一些困难。一是高校科技成果转化面临的最根本问题是专利质量不高，这一问题严重阻碍了成果的技术转化。专利质量的低下反映在专利的原始创新性和技术含量上，如果专利缺乏创新性或技术价值不高，将难以吸引投资者或产业界的兴趣，从而无法实现科技成果的商业化应用。二是技术成果不成熟、符合转化条件的少，即使是高质量的专利，如果专利技术成果不成熟，不符合转化条件，仍然难以实现转化。三是缺乏专业人才，科研院所与企业对接能力较弱。高校缺乏能够有效对接企业的技术经纪人和技术经理人，来对接高校科研团队的科技成果和企业的具体需求。四是部分企业收购高校专利并不以实施为目的，而是基于政策环境压力或申报高新企业等原因收购专利，以至于其并不愿意多花成本收购高校专利。在重庆理工大学了解职务权属改革的科研人员中，真正参与过成果转化的科研人员仅占 38.2%。成果转化困难较大导致重庆理工大学的科研人员申请专利大多是为了获得学校绩效奖励的工分、职称评审或者项目结题等，并不奢求能够从成果转化中获得收益，科研人员表示，能转化获得奖励当然更为理想，但若未能转化也无能为力，进而也不会关心成果的权属问题，以至于科技成果赋权改革在重庆理工大学的实施效果并不理想。

3. 赋权改革配套机制不完善

首先，缺乏成果转化前的评估机制。在对重庆理工大学进行走访时，科研人员表示，在成果转化之前缺乏对成果价值的评估机制。科研人员在科研方面是行家里手，但对市场可能并不了解，对科研成果究竟能够创造多大的市场价值也并不清楚，进而影响科研人员申请专利和成果转化的决策。其次，缺乏持续追踪科研成果实施机制。部分科研人员表示，在科研成果成功转化之后，希望可以持续追踪科研成果实施情况。一方面有助于科研人员了解自己的科研成果应用情况，更有针对性地进行接下来的研究。另一方面有助于获取成果转化动力，激励科研人员更加积极地开展科技成果转化。职务科技成果赋权改革的目标是推动科研成果的转化，使之不再只停留在实验室或学术论文中，而真正转化为可应用于产业和社会的创新力量。然而，这一改革不应被看作孤立的政策，而应被视为一个复杂的系统，需要多方面的配套机制相互协调，以确保其顺利运转并最终实现其真正的目标。

（四）重庆理工大学科技成果赋权改革实施建议

1. 加大政策宣传力度，鼓励参与赋权改革

针对政策宣传力度不足的问题，学校可以定期举办政策宣讲会，为一线科研人员详细讲解政策实施目的以及具体实施方案，帮助科研人员学好用好相关政策文件。另外，学校可以定期将进行赋权改革并成功完成转化的案例分享给科研人员，比如重庆理工大学周志明团队完成的两项成果，被赋予了全部所有权，并最终通过作价入股的方式获得转化金 20 万元。这一方面可以激励科研人员积极融入科技创新主战场，另一方面可以让科研人员看到赋权改革与传统的转化流程的差别，激励大家积极参与赋权改革，努力实现赋权改革对于高校科技成果转移转化的助力作用，为当地经济发展贡献力量。

2. 强化科技成果转化全过程管理和服务

职务科技成果赋权改革就是为了促进科技成果的转移转化。然而，科技成果转化困难重重也反过来影响了科研人员参与赋权改革的积极性。促进成果转移转化有多种手段，首先，要提高专利质量和成果成熟度。这可以通过加强科研人员的创新培养和引导，来确保他们的研究具有原创性和技术深度，同时还应面对技术市场需求，培育成熟的科技成果便于转化。其次，建立校企对接的信息化服务平台，用于解决成果转化过程当中校企信息不对称的问题。企业将需求发布至平台，可以帮助高校更有针对性地开展研发工作。高校将研究成果发布在平台上供企业根据需求寻找合适的技术成果。再次，可以着重培养一批既懂技术又懂市场的技术经纪人队伍，由学校产学研办公室集中领导，以帮助科研人员完成成果转移转化。最后，赋权改革权益分配本身也是促进成果转化的重要手段。将多种手段结合起来，在加强高校成果转化的同时提高科研人员参与权属改革的意愿，从而进一步促进科技成果的转化，如此循环，将持续增强高校创新研发活力和成果转化动力。

3. 完善配套机制，助力赋权改革可持续发展

首先，建立完善的成果价值评估机制。评估是成果转化和交易的起点，学校为科研人员提供完善的成果评估机制将有助于科研人员作出相应的决策。

由学校产学研办公室成立评估小组，建立科学的成果评价指标体系，评估科研成果的市场价值。其次，建立成果转化追踪机制。可以与校企信息服务平台结合，由企业定期分享科技成果在实际使用过程中遇到的问题以及实施的总体情况。或者由专人定期进入企业调研成果转化实施情况和问题，并反馈给成果完成人，以帮助成果完成人开展进一步的研发工作。最后，产业合作和投资渠道是推动科技成果转化的关键。高校需要积极与产业界建立合作关系，促进科技成果的实际应用。同时，吸引投资是实现创新成果商业化的必要步骤，因此需要建立投资渠道，吸引资金以支持科技成果的推广和市场化。职务科技成果赋权改革需要多方面的配套机制协同运作，确保科研成果得以转化，最终实现创新力量的释放，推动社会和产业的发展。这些机制相互配合、相辅相成，将有助于实现改革的长期成功和可持续发展。

五、结论

本次调研对川渝地区的高校与科研人员的职务发明专利情况以及重庆理工大学的职务科技成果赋权改革进行了深入分析。调研发现，赋权改革确实能够在一定程度上激励科技成果转化应用，但对于职务科技成果质量的提升作用尚未完全显现，且存在权责不清、管理不善导致专利失效的问题，需要高校和科研机构的进一步关注和改进。同时，重庆理工大学的个案分析也揭示了一系列问题，包括政策宣传不足、原始创新难度较高、专利质量不高、技术成果不成熟、符合转化条件的少，以及配套机制不够成熟等。这些问题限制了改革的顺利推进和科技成果的有效转化。因此，建议高校和科研机构加强政策宣传，培养科研人员的原始创新能力，提高专利质量，促进技术成果成熟，完善知识产权保护机制和成果评价体系，建立有效的激励机制，并积极与产业界合作，寻求更多投资和合作机会，以推动科技成果的转化和创新发展。本调研报告为高校和地区的进一步发展提供了有益的方向，同时也为其他地区和高校提供了宝贵的经验和借鉴。

参考文献

［1］ 张惠彬，吴运时. 从奖励导向到权利导向：新中国 70 年职务发明权属的变革 ［J］. 中国科技论坛，2020（4）：151-159.

［2］ 卢亚楠，耿成轩. 高校职务科技成果权属改革历时分析与路径探索 ［J］. 中国高校科技，2020（12）：81-84.

江苏省科技型企业知识产权能力发展研究[*]

一、引言

2023 年 10 月，习近平总书记在黑龙江考察时强调："整合科技创新资源，引领发展战略性新兴产业和未来产业，加快形成新质生产力。"江苏省历来都是全国产业创新发展的先进典型，其新兴产业集群优势显著。科技型企业作为创新能力强、技术含量高，活力与潜力兼备的创新主体，是未来产业链的重要支撑，也是全省战略产业中创造高价值核心知识产权、落实创新驱动发展战略的关键载体，是提升全省乃至全国新质生产力的关键部分。

"十四五"期间，江苏省高新技术产业处于高质量发展的重要阶段，但也面临着更加深刻、更加复杂的内外部环境。目前，江苏省科技型企业仍面临着创新内驱力不足、知识产权保护意识及风险防范意识淡薄、对于知识产权事业的重视程度和管理水平不高等难题。在这一背景下，提升江苏省科技型企业的知识产权能力，实现高质量可持续发展，需要内部和外部的共同努力。从外部而言，要求政府加强引导，推行知识产权质押融资等配套服务政策；从内部而言，需要采取优化知识产权管理机制等相应措施，充分提高企业知识产权能力，促进自主研发与成果保护水平的提升，让知识产权赋能强企发展，凝聚江苏省新质生产力的发展内核。

党的二十大报告中指出，要大兴务实之风，抓好调查研究，扑下身子干

---

* 作者：黄栋铭，南京理工大学知识产权学院 2021 级法学本科生；秦晓泳，南京理工大学知识产权学院 2022 级知识产权管理硕士研究生；殷晓琪，南京理工大学知识产权学院 2022 级知识产权管理硕士研究生；郝婧媛，南京理工大学知识产权学院 2022 级知识产权管理硕士研究生。

实事、谋实招、求实效。调查研究是我们党在各个历史时期做好工作的重要传家宝。为深入贯彻党的二十大精神，落实知识产权强国战略部署，本报告以调研小组在江苏省 13 个设区市获取的 333 家科技型企业调查数据为基础，全面分析了 2022 年江苏省科技型企业知识产权能力情况，深入剖析了江苏省科技型企业发展现状与存在的知识产权问题，及时掌握了江苏省科技型企业知识产权培育动态，从而为形成保障科技型企业研发活力的知识产权制度体系和政策措施提供了参考依据。

二、调研对象与方法

本调研团队于 2022 年至 2023 年前往江苏省 13 个设区市开展专项调研，通过资料分析、问卷调查、座谈会和深入重点企业访谈 4 种调研方式，旨在调查江苏省科技型企业在知识产权创造、保护、管理、运用等方面的现状与问题，并提出相应对策。

（一）调研对象的共性特征

调研对象主要为江苏省十大战略性新兴产业范围内的相关科技型企业。本调研团队对全省最具代表性的 116 家科技型企业进行了走访调研；在 13 个设区市先后发放问卷 436 份，其中有效样本为 333 份，回收率达 76.4%；受访企业来自 10 个不同行业，受访人员岗位涉及 10 种不同类型。调查内容则涵盖七个方面，可分为企业基本信息、企业知识产权能力现状及企业知识产权发展需求三大部分。企业基本信息包括企业的所属行业类型、企业规模、从业人数等，企业知识产权能力现状包括知识产权创造、运用、保护、管理及人才情况，企业知识产权发展需求调研则围绕企业类型、所属规模、管理构架等方面展开。

调研结果显示，目前江苏省科技型企业在知识产权能力领域仍有较大提升空间，问题核心在于如何激发创新意识，以及促进转化、管理方式多元化。在知识产权创造方面，专利成果占据企业知识产权的主导地位，且主要来源于自主研发，专利联盟、并购等形式并未被广泛应用。在知识产权运用中，最突出的现象是企业知识产权运用方式单一，企业的自我转化实施占据绝对优势地位，且大部分主体都更注重巩固技术成果、防范经营风险，却缺乏对知识产权运用带来的业务价值和资产价值的重视。此外，企业知识产权保护工作所面临的问题集中在企业自身技术积累不足与维权困难两方面。而在知识产权管理方面，该项工作给企业带来的经济效益和商业价值显著，能够帮助企业拓展市场、促进技术进步、提高核心竞争力，但存在明显的地区发展不平衡现象。

（二）管理是科技型企业知识产权能力的基础

近年来，学界对企业知识产权能力的评估体系不断更新，虽然已从不同方面研究了知识产权指数、专利实力指数，但对于知识产权能力的测度研究仍相对稀缺。

《国家知识产权战略纲要》指出，知识产权能力主要集中于创造、运用、保护、管理四个方面。本文认为，科技型企业知识产权能力提升的基础在于科学有效的知识产权管理。知识产权管理能力是指企业计划、整合和保护知识产权的能力[1]，其目的在于覆盖知识产权创造、运用与保护三个方面，以提高企业知识产权效率。知识产权管理能力属于整合与创新能力，也随之归属动态能力范畴，即该能力会随企业内部和外界因素的变化而演化，进而不断影响企业知识产权能力的其他三个方面。质言之，科技型企业知识产权创造、运用与保护能力的水平与管理能力紧密相关，管理能力的提升将直接带动企业知识产权能力的整体发展。从资金投入看，企业的资金投入规模会受到市场需求与收支情况影响，知识产权专项经费的多寡将直接改变该企业的知识产权管理水平，进而导致企业核心竞争力的波动。以例论之，如果企业缺乏科学的专利检索分析和市场分析，可能会导致相关专利缺乏竞争力与创新力，降低科研成本的转化率，甚至会因缺乏调研而侵犯其他企业的知识产权，最终可能会面临高额赔偿；再者，若企业在对科研成果申请专利保护时的范围过于狭隘，则可能导致部分核心发明成果被竞争对手盗用，从而损害企业的发展利益。由此可见，高水平的知识产权管理能力居于科技型企业知识产权能力提升的基础地位。

（三）定量分析及模型构建

中国科学院创新发展研究中心从专利创造、运用、保护和管理四个方面建立了知识产权能力评价指标体系[2]；国家知识产权局知识产权发展研究中心建立了一套包括创造、运用、保护和环境的知识产权实力指标体系[3]；学者刘瑞华等也构建了以知识产权战略为核心管理，以知识产权开发、知识产权保护、知识产权运营为内层管理的三层知识产权管理体系模型。基于前述学者及机构的研究，本报告以知识产权管理为企业知识产权能力的中心组成要素，以知识产权创造、知识产权保护、知识产权运用为外围组成要素，构建了企业知识产权能力概念模型，如图1所示。

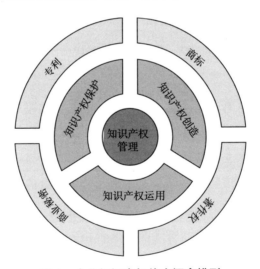

图1 企业知识产权能力概念模型

知识产权创造能力指企业具备创新能力，不断进行研发和创新，积极培育自己的核心技术和知识产权。这包括加强技术研发投入、建立创新团队和研发平台，提倡知识共享和合作，从而不断创造出有竞争力的知识产权。根据林洪等人的调研，缺乏知识产权管理机制的中小型企业平均知识产权产出为13.2件，知识产权产出占总量的74.7%；而设立知识产权管理机构的中小企业平均知识产权产出为 18.5 件，知识产权产出占总量的 25.3%。此外，制定了知识产权激励制度、没有制定知识产权激励制度但有奖励、既没有制定知识产权激励制度又没有奖励的中小微企业平均专利产出数量分别为 17.9 件、12 件和 10.9 件。因此，知识产权管理能力会显著影响中小型企业的知识产权创造能力。[4]

知识产权保护能力指企业采取一系列措施来保护自己的知识产权不受侵犯。这包括及时申请专利、商标或著作权等知识产权保护手段，建立知识产权监测和维权机制，密切关注市场动态，防止他人侵权并采取相应的法律行动。目前，我国企业面对频繁发生的专利被非法滥用的案件、争端时，都明显表现出准备不足、缺乏有效预警机制等问题。此外，在进出口企业中，约有 50% 的企业还不知道其知识产权需向海关总署申请备案，而请求海关实施知识产权保护的则更少。因此，建立知识产权预警的管理机制不仅能提高企业知识产权保护能力，还能及时帮助企业准确掌握知识产权竞争态势，提前准备以应对即将来临的竞争威胁。[5]

知识产权运用能力指企业充分发挥自身的知识产权优势，将知识产权转化为商业价值。这包括通过技术许可、技术转让、品牌授权等方式进行知识产权的运用和商业化开发，以增强企业的市场竞争力和盈利能力。因为科技型中小企业的经营范围、性质等的不同，所以知识产权运用方式也有所差异。在本次调研中，有 72.07% 的企业倾向于将专利进行自我实施，只有少数企业考虑将自身专利进行转让、许可、质押等运营。通过规范的知识产权运用相关的管理制度，可以使科技型中小企业的知识产权运营或运用工作有所依据，使企业知识产权发展与企业战略协同发展。[6]

知识产权管理能力指企业具备有效的知识产权管理机制，能对内部以及外部知识产权资源进行科学管理和有效利用。这包括建立知识产权创造激励机制、建立知识产权资产清单、实施知识产权评估和评价等。因此，知识产权管理能力是企业对知识产权资源进行有效管理和利用的基础，它与知识产权创造、知识产权保护和知识产权运用形成一个相互促进的关系网络，共同支撑企业的知识产权战略和价值实现。

三、江苏省科技型企业知识产权能力现状

(一) 内外部环境

依托产学研深度融合不断促进新产品开发，是世界主流发达国家优化科技资源配置、提高创新竞争力的重要战略途径。目前，在国家和江苏省政策引导扶持下，江苏省企业研发经费总额与人均研发费用持续增长，2021 年入库企业研发经费总额超过 1100 亿元，比 2018 年增长近 176%；人均研发经费近 16 万元，比 2018 年增长约 17%，2021 年全省科技型中小企业研发投入强度达到 15% 以上，企业创新活力不断增强。[7] 据统计，2021 年入库企业户均拥有 I 类和 II 类知识产权分别为 1.3 件和 9.6 件，比 2020 年分别增加了 0.24 件和 0.17 件，且专利成果占据企业知识产权成果的绝大部分。但不可否认的是，江苏省科技型企业的知识产权能力仍有进一步提升的空间。对企业研发创造而言，各类专利主要来源于自主研发，而专利联盟、并购等形式尚未被成熟广泛地应用。在知识产权运用上，最突出的现象是企业知识产权运用的方式单一，自我转化实施占据主要地位，且大部分企业更注重巩固技术成果、防范经营风险，对知识产权运用带来的业务价值和资产价值不够重视。此外，企业知识产权保护工作所面临的问题主要集中在企业自身技术积累不足与维权困难两方面。在知识产权管理层面，该项工作为企业带来的经济效益和商业价值显著，能够有效帮助企业拓展市场、促进技术进步、提高核心竞争力，但是存在明显的地区、企业间发展不平衡的现象。

据研究，宏观区域创新集聚程度在地区知识产权管理和企业新产品研发绩效之间起到调节作用。[8] 同时，随着生产力的不断发展，我国科技型中小企业发展已呈现产业化态势。由此可见，江苏省的相应配套政策为科技型企业提升竞争力起到了优化外部环境的作用，如《关于高标准推进知识产权强省建设的若干政策措施》等文件，为构建知识产权发展新格局、促进高质量发展提供了有力支撑。

但据统计，近年来初创的科技型中小企业发展所需资金大多来源于创业者的自筹资金或银行贷款。[9] 创业初期，企业主要依靠自筹资金，且可抵押的固定资产与银行贷款额度均十分有限，难以满足科技型企业高昂的研发费用。在此背景下，江苏省开启了以知识产权质押融资为代表的知识产权金融政策新探索，护航知识产权强企发展。

（二）类型划分

江苏省科技型企业现状呈现出规模各异、领域众多、类型庞杂的态势，故在研究中对其类型的划分显得尤为重要。本次选取的企业主营业务均在江苏省十大战略性新兴产业范围内，大多为高新科技、高端制造型企业以及新型研发机构等，日常的知识产权创造工作以技术成果创新创造为主。如图2所示，根据对"企业拥有占比较高的知识产权类型"的调查数据统计可以得知，本次调查所涉企业拥有的最主要知识产权类型为专利，占全部样本的94.59%，其次是商标，占37.84%，而著作权和商业秘密分别以20.72%和17.72%的占比位居第三、四名。这一分布情况说明，专利作为技术成果的知识产权载体，与调研目标的选取规则有较大关联，数据对比的分类以技术成果保护为思路展开。

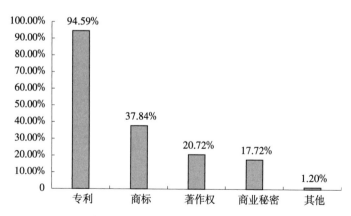

图2 企业拥有占比较高的知识产权类型统计

英国经济学家霍尔斯（Halls）等曾指出，企业可以选择多元的知识产权保护机制以获取创新收益，主要可划分为两类：一是正式保护机制，如发明专利、外观设计专利、商标等；二是非正式保护机制，如保密、技术复杂性与时间先发优势等。我国企业对创新保护机制的选择已由 2002 年偏好保密等非正式机制转向了 2014 年偏好专利等正式保护机制，但是正式保护机制无法在短期内为企业绩效带来增长。据调查，2018 年分别有 6.8%、11.4%、13.8%的企业申请了发明专利、商标和对技术秘密进行内部保护，而仍有相当一批企业选择市场隐蔽度高的非正式保护机制。[10] 可见，我国企业对于知识产权的保护与管理措施仍处于"正式保护"与"非正式保护"并存态势。据此，调研团队根据知识产权保护机制的不同，将受访企业划分为以上两种，并综合梳理其现状的共性特征，展开对比分析。

调研的正式保护型企业大多数为高新技术型企业和上市公司，有专业的内部机构或其他部门的知识产权从业人员负责评估与维权工作。如图 3 所示，此类企业的专利数量相对较多，知识产权专项经费额度较高。例如，华为公司便属于典型的正式保护型企业，其曾选择通过大量申请专利来达到保护知识产权的目的，并以最快速度申请核心技术专利，保住自己的市场份额，2015 年至 2019 年仅通过交叉许可就取得超 14 亿元的收益。而非正式保护型企业则存在规模小、人员少、专利占比低等发展阻碍，相当一部分企业表示，"缺少知识产权专业人才"成为其知识产权领域发展的最大阻力。两种类型企业差异较为明显，存在对比分析的合理性。

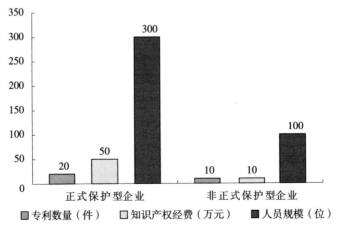

图 3　正式保护型与非正式保护型企业典型特征数据

(三) 问题展开

1. 知识产权专业化水平较低

根据调研数据，江苏省科技型企业或多或少存在缺乏知识产权专业保障的现象，主要表现为知识产权运用与转化效率低、知识产权保护工作专业经验缺乏、专门的知识产权服务与管理型人才匮乏等。

（1）知识产权运用与转化效率低。从宏观上看，科技型企业的知识产权运用能力与保护能力专业性欠缺问题暴露显著。图4较好地展示了企业知识产权运用所受困境，主要问题在于运用方式较为单一。其中，企业自我转化实施占比达72.07%，许可与转让作为传统的知识产权运用方式占比分别为29.43%和23.12%。同时，新兴的知识产权运用方式占比达到30.00%以上，其中，知识产权质押融资占比为24.02%，知识产权证券化融资占比为5.41%，专利作价入股占比为4.50%，仅有少数企业运用了知识产权保险等其他形式。总体来看，自我转化实施这种经济附加值较低的知识产权运用手段仍处于主导地位，究其原因在于方式方法缺乏专业指导。

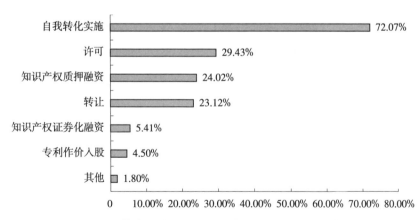

图4 江苏省科技型企业知识产权运用受限问题统计

（2）知识产权保护工作专业经验缺乏。技术成果的培育需要一定的周期。调查对象中有相当数量的企业正从萌芽期向快速发展期过渡，因此普遍存在技术积累不足、专业经验缺乏的问题，这在很大程度上导致了科技型企业陷入过渡性保护与侵权救济方面的困境，具体表现如难以及时获取侵权信息、举证难度大、过度依赖司法途径等。首先，从内部来看，大部分科技型企业的技术岗职工或其他非专业部门负责知识产权调研与分析工作时，往往存在态度敷衍、方法错误、精力不足等问题，进而导致智力成果的知识产权保护手段单一、效率低下。同时，企业的知识产权保护工作也受到外部环境的影响，调查中有18.92%的企业表示大环境下知识产权保护意识薄弱给知识产权保护带来了阻碍，有26.43%的企业表示知识产权相关法律法规仍需要进一步完善与普及。

（3）专门的知识产权服务与管理型人才匮乏。通过对企业知识产权保护工作的问题反馈（见图5）以及企业营收水平与所遇困难的交叉分析（见表1）可知，科技型企业主要存在机构及人员设置不完善、诉讼举证困难、诉讼周期长和牵扯精力多、知识产权保护意识薄弱、诉讼成本高和风险大、知识产权法律法规不完善等困境。剖析其本质，这些问题都是因为缺乏专业的知识产权人才：企业的知识产权从业人员设置不当是根本，其致使企业整体布局缺乏知识产权保护意识，专业型知识产权人才稀缺则造成了诉讼全过程的困境。表1的数据也给予了印证——根据对"企业在知识产权创造中遇到的困难类型"的调查数据统计（见图6）可以得知，无论是微型企业（年营收水平为100万元及以下）、小型企业［年营收水平为100万～500万元（含）］、中型企业［年营收水平为500万～1000万元（含）］，还是较大规模的企业（年营收水平为1000万元以上），缺乏知识产权专业人才都是近半数企业面临的首要问题。

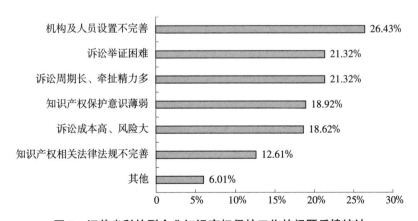

图5 江苏省科技型企业知识产权保护工作的问题反馈统计

表1　江苏省科技型企业营收水平与所遇困难的交叉分析

营收水平/遇到困难（元）	企业数量（家）	A. 缺乏标准化的资产评估体系	B. 缺乏完善的资产流通平台和渠道	C. 专利质量良莠不齐	D. 知识产权专业人才缺乏
≤100万	5	2（40.00%）	2（40.00%）	1（20.00%）	2（40.00%）
(100万，500万]	15	6（40.00%）	3（20.00%）	7（46.67%）	5（13.33%）
(500万，1000万]	12	6（50.00%）	8（66.67%）	4（33.33%）	4（33.33%）
>1000万	301	141（46.84%）	111（36.88%）	128（42.52%）	126（41.86%）

营收水平/遇到困难（元）	E. 知识产权运营服务市场不够完善	F. 企业对知识产权商业价值缺乏认识	G. 缺少相关政策支持	H. 小计
≤100万	1（20.00%）	0（0.00%）	1（20.00%）	0（0.00%）
(100万，500万]	6（40.00%）	0（0.00%）	2（13.33%）	0（0.00%）
(500万，1000万]	5（41.67%）	3（25.00%）	4（33.33%）	2（16.67%）
>1000万	109（36.21%）	89（29.57%）	99（32.89%）	9（2.99%）

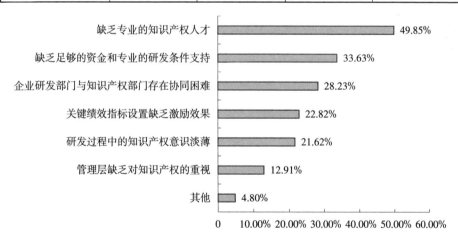

图6　江苏省科技型企业在知识产权创造中遇到的困难类型统计

从人才数量与质量来看，近年来，虽然江苏省知识产权服务组织和从业人员的年均增长率显著提高，但仍无法满足知识产权事业发展对专业化人才的现实需求，机构设置、从业人员等各方面均存在人才质量偏低、人员数量缺乏现象。知识产权服务业作为一种高层次的知识付费服务业，其从业人员应当具备较高的专业水平。从全国范围来看，目前如专利代理人、知识产权律师、专利信息检索与分析师、知识产权司法鉴定师、科技成果交易经纪人等从事知识产权服务行业的高学历、高素质人才极为紧缺，据初步统计仅有约8万人，占知识产权从业者总数的17.7%，而复合型人才与国际型人才更加稀缺[11]，绝大部分企业甚至并无专业的知识产权管理与服务部门。可见，我国企业在短期之内都将持续面临从业人员总数缺乏、专业素质参差不齐的问题。

专业知识产权人才资源不足一直是产业界和学界所面临的共同问题，相关人才培养的学科背景和产业实际复杂需求的不适配、知识产权行业知识和产业前沿技术知识更新迭代速度过快等都是导致目前各企业缺乏能快速上手知识产权工作的高端复合型人才的因素，因此这一问题仍然需要通过探索和实践多种解决方案来化解。

综上所述，探寻提升科技型企业知识产权专业意识的应对之策成为亟待解决的难题。

2. 未形成标准的知识产权资产体系

除知识产权转化运用方式较为单一外，缺乏标准化的资产评估体系是企业知识产权运用能力自我评估中存在的最主要问题，企业知识产权的多样化运用、专利池的建立等都需要标准化的知识产权评估体系。自我评估存在问题的具体表现为缺乏专业的知识产权评估机构、缺乏专利价值审定的专业人才以及标准性规范不健全三个方面。首先，银行可合作的专业知识产权评估机构较少，这在一定程度上导致银行与评估机构间的信息不对称；其次，银行缺少能够对专利价值作出准确审定的专业人才；最后，GB/T 42748—2023《专利评估指引》实施周期尚短，在先前的实践中，各机构还存在评估标准不一的现象。

除标准资产评估体系的缺失外，专门的知识产权资产流通平台和渠道的不完善也是企业知识产权发展的一大问题。如图7所示，根据调查，认为缺乏完善的资产流通平台和渠道的企业占比为37.24%，认为缺少相关的政策扶持的企业占比为31.83%，认为知识产权运营服务市场环境不够完善的占比为27.63%。除了银行等金融机构和知识产权服务机构，我国尚未形成专门的知识产权资产流通平台和渠道，并且上述机构的知识产权金融业务尚缺少标准化的资产评估体系。与此同时，多数企业对外部知识产权运营服务的需求并不旺盛，企业和服务机构之间的业务多数还停留在日常的专利申请、专利分析等方面。

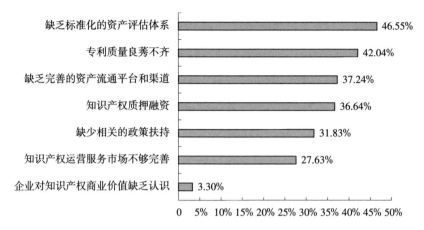

图7　江苏省科技型企业知识产权转化的主要困境统计

四、江苏省科技型企业知识产权能力现状成因

（一）企业知识产权意识较为薄弱

相较于宏观的知识产权意识，本文侧重于探讨知识产权战略意识与保护意识之于现状的推导分析。其中，知识产权战略意识关乎科技型企业知识产权发展与新质竞争力的提升，是企业前端规划的重要组成部分，也是保障知识产权管理体系独立性、协调发挥各部门能动作用的核心意识。而知识产权保护意识强调后期对智力成果的大力保护、积极推广，属于企业知识产权管理的"末梢神经"，二者缺一不可。如前文模型所述，企业知识产权能力的基础在于管理，任何一种知识产权意识的欠缺都将给企业的体系化管理能力乃至发展前景带来负面冲击。

1. 企业缺乏知识产权战略意识

知识产权战略意识主要包括对知识产权、信息资源和自我保护的认识。作为知识经济的核心，知识产权制度对推动科技型企业的科技进步和经济发展起到重要作用。目前，我国知识产权战略意识渗透度较低，部分企业领导仍存在偏重有形资产、忽视无形资产的错误认识，未能从无形财富的重要性的角度去认识专利、商标、版权、商业秘密等知识产权，而是将其看作可有可无的"附属品"。一些单位往往在研发前期忽视质量，在合作投资项目完成后缺乏知识产权管理，甚至不申请专利或进行技术秘密保护。此种知识产权战略意识淡薄的情况将严重损害科技型企业研发利益的回报补偿度，进而损害其创新创造活力。

（1）专利布局与企业整体布局契合度低。据调研数据可知，绝大多数被调研的科技型中小企业均已具备独立的知识产权管理意识，但是大部分较为片面，具体表现为，在知识产权管理中，只是片面应对侵权行为，激励机制与转化机制较滞后。在管理模式上，如图8所示，过半数江苏省科技型企业以自行管理作为知识产权管理的主要路径，近半数企业依托自身部门与外部知识产权服务机构联合管理，但仍有不到5%的企业选择完全依靠外部服务机构。知识产权自行管理，利于企业整体布局，但其专业性难以评估；知识产权联合管理，提升了服务机构认知度与专业化水准，但在企业整体布局与知识产权布局之间、内设部门与外在机构之间缺乏紧密关联，无法对企业的整体战略发展起到实际引导作用，不利于企业的长期稳定发展；知识产权完全由服务机构管理，纵然在短期内可以提升其专业水平，但不利于企业知识产权的进一步研发与经济转化，还可能存在商业秘密泄露、未尽忠实勤勉义务等风险。

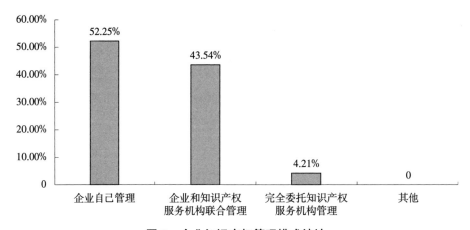

图8　企业知识产权管理模式统计

（2）企业知识产权创造缺乏价值导向。企业所拥有的知识产权不仅代表了企业自身创新、研究和技术的结合，同时也是其在当今知识经济时代中的核心资产。一般来说，知识产权的价值主要体现在法律价值、市场价值和技术价值三个层面。

其中，最显而易见的也是当前最受重视的便是市场价值，也称"经济价值"，它是为企业带来经济利益的主要手段，也是多数企业进行创造活动时的首要导向。从现状来看，江苏省科技型中小企业对创新数量的重视程度远大于对创新质量的重视程度。大多数科技型中小企业更倾向于增加专利申请等以提高知识产权占有率，而未积累足够的创新能力，并不能够充分重视科技创新的价值发挥和挖掘知识产权的综合作用。[12] 究其原因，主要在于企业绩效评估方法存在不完善和不合理之处。以前端行为为例，企业在每年度的知识产权申报指标中，只是从数量上对知识产权的创造进行了要求及评定，并没有对知识产权的质量进行评定。此外，企业对知识产权的发掘，特别是对专利的发掘更是不足。作为一项专业行为，知识产权发掘工作应当由专人完成，虽然研究人员拥有大量的技术经验，但并不擅长这一领域，且其工作重心在于研发，因此造成企业知识产权发掘与保护工作存在不足。[13]

一种产品的研发能否符合市场需求，要从多个角度进行证明，包括对市场需求的调查、对技术是否已经被其他企业所采用的调查及对竞争对手的调查等。在研发过程中，必须对市场需求情况进行搜集和分析，只有通过数据统计，才能全面了解本产业的发展状况、技术水平，以及其他企业在技术上的领先优势。许多公司对于市场没有正确、客观、全面的认识，导致出现研究成果的市场关注度低、经济价值溢出率低等不利后果。

因此，企业在进行创造活动时，要综合考虑知识产权的技术价值、市场价值和法律价值，以其综合价值为首要导向，兼顾"数量"与"质量"，并发挥企业促进全社会技术发展和实现公共利益转化中的主体作用，从而实现自身的高质量发展，提高市场竞争力。

2. 企业缺乏知识产权保护意识

（1）知识产权保护存在被动化。虽然侵犯知识产权的案件屡见不鲜，但在通常情况下，公司对于侵犯知识产权的情况并不敏感，难以发现侵权情形，而发现后也往往因为证据不足和程序烦琐等原因，降低了小型企业的知识产权维权可能性。Anton 等学者提出，专利保护程度与被侵权风险成反比，当专利的保护程度达到一定低谷时，专利被侵权概率将显著提高，进而大幅降低企业创新内驱力；[14] 且即使能确定侵权事实，惩罚的强度也不能完全补偿受到损害的公司。这就造成了我国企业在知识产权保护方面的自主性不足。同时，由于中小企业并不熟悉知识产权融资的方法和过程，因此，在初创阶段更倾向于民间借贷或者利用个人亲属、地域关系进行融资，这样的融资模式不仅保障能力较低，而且成本较高，从而增加了企业的运营风险。

（2）知识产权保护形式单一化。从外部环境来看，我国由多个部门负责知识产权的管理工作。这种"分散式"的管理模式缺乏统一的立法管理体制，容易产生交叉问题，影响知识产权权属的确定。[15] 而在公司内部的知识产权保护方面，缺乏公司宏观层面的系统战略规划与布局，特别是在对专利进行规划与布局方面，研究人员都是按照自己的项目与产品状况，来自行确定知识产权申请的内容与类型，而不是按照战略规划与布局有针对性地进行，这就导致了公司的知识产权创造存在着一定程度的盲目性与随机性，从而表现出"有什么就是什么，有什么就申请什么"的特征。但是，如果没有对其进行战略规划，以及对其进行整体布局的考虑，那么就像是一盘散沙，即使拥有了数量上的积累，也很难成为一股强大的合力。[16]

企业对知识产权成果的使用方式较为单一，导致企业的知识产权资产无法被有效利用，也无法很好地展现其价值，这与企业的体量、规模、技术和市场发展水平极不相符。在知识产权使用过程中，公司还存在缺乏与之配套的系统过程和人员等问题，如在对知识产权的情报分析和侵权监测方面，公司缺乏知识产权情报分析机制及适配的组织结构、流程制度和人员配备，从而造成保护工作缺乏链条化管理。

(二) 企业知识产权机制未成体系

1. 知识产权管理模式滞后

虽然相对于国外先进水平而言，我国高科技企业进入知识产权领域的时间相对比较晚，但在这段时间里，我们已经积累了丰富的实践经验，并取得了一定的成果。许多科技型中小企业已经成立了独立性质的知识产权管理机构，从而保证企业的知识产权管理工作能够高效地进行。但同时不可否认的是，在管理制度建设和政策构建方面，还存在着一些问题。[17] 例如，由于缺少专业的管理人才，许多科技型中小企业日常进行的知识产权管理工作显得非常粗放，这极大地降低了知识产权管理的质量，不利于科技型中小企业核心竞争力的提升。

现阶段，科技型中小企业的知识产权管理工作已经获得了很好的效果，但是从总体上看，仍处于发展阶段，在管理的过程中会面临更多的风险和挑战。由于缺乏管理经验且在管理方式上相对滞后，科技型中小企业的知识产权管理质量受到严重制约。除此之外，部分科技型中小企业将知识产权与科技成果混为一谈，片面地认为知识产权管理工作等同于大量申请专利和注册商标，低质的知识产权成果难以被高净值转化为经济效益与社会效益，进而降低知识产权管理品质。对知识产权管理成效的评判不仅要保持数量观念，更应着重考察其质量，评估其能否发挥出最大的商业价值，为企业谋取到更多的经济效益。[18]

2. 知识产权评估偏重质量

企业知识产权的出发点是增加新产品吸引力，保持竞争优势，提高市场占有率，进而将企业经济利益最大化，故企业在合法的条件下获得的专利技术、注册商标和品牌等无具体形态的资产已经成为企业核心竞争力的重要组成部分。[19] 但在被调研的江苏省科技型企业中，绝大多数公司没有把知识产权放在策略层面上经营。对企业而言，对知识产权的管理还停留在业务执行层面，并没有提升到公司战略层面，也就不存在对知识产权的战略规划，不可能与公司的整体战略和技术战略相匹配、相结合，更不可能实现知识产权引领或者知识产权先行的目标。公司的知识产权运营不仅没有一个独立的机构来支撑，而且人员配置非常薄弱：从调研状况来看，很多公司并没有一个独立的知识产权管理机构、一个专业的知识产权队伍、一个全职的知识产权管理人员，即使是仅有的一个兼职知识产权管理人员也经常更换。举例而言，知识产权最常见的融资方式是证券化、质押融资和信托融资等，其目的在于快捷高效地将知识产权转化为资本，为企业的良好运作提供物质基础。[20] 但是，江苏省科技型企业由于缺乏与外部金融机构沟通谈判、资本转换的专业型管理人才，容易产生交易时间成本高、机构青睐度低等融资问题，这也就造成了企业知识产权运用能力低下现状。企业知识产权工作组织与人员配置统计如图9所示。

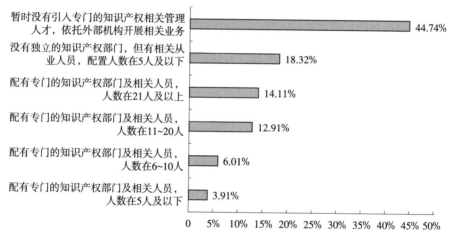

图9 企业知识产权工作组织与人员配置统计

在知识产权侵权方面，公司缺少对产品质量、技术贡献率等因素评估的风险控制机制。例如在开发新技术时，缺乏对该项产品知识产权的调查，进而导致公司对侵权的控制不足，研发成果容易被剽窃或滥用。在评价中，企业的知识产权存在着不全面和不合理的现象，如仅对发明专利的数目进行了评估，而对于发明专利的品质并没有作出相应规定，更没有对发明专利的品质进行评估。这体现了我国企业仍处于盲目追求创新成果数量而易忽视其质量的阶段。

五、江苏省知识产权科技强企的路径构建

(一) 政府提升企业知识产权能力的路径

1. 加强知识产权创新创造

通过设立专项资金、提供税收优惠和奖励等方式，鼓励企业增加研发投入，推动科技创新。这包括支持企业进行基础研究、应用研究和技术开发，培育创新型企业和高新技术企业；支持地区人才培养和引进，出台人才培养计划和引进政策，吸引和培育具备创新能力的人才。就企业需求而言，如图10 所示，少部分企业并无知识产权人才需求，其原因可能为知识产权成果数量较少、企业自身知识产权部门门类齐全、外部知识产权服务机构专业水平高等。大部分企业存在知识产权人才缺口，即便是初具知识产权人才配备规模的企业，也可能需要高层次知识产权从业人员的补充，有超过10%的企业对知识产权人才需求迫切。从企业反馈意愿来看，政府以提供奖金、津贴和培训机会等形式激励企业员工深入研究和创新，并促进知识产权的创造与保护成为较佳方案。在企业知识产权从业人员素质提升、知识产权战略贯彻落实后，可以从政府层面推动企业国际合作与交流，助推企业参与国际创新合作项目和技术交流活动。通过与其他国家和地区的合作，促进知识的跨境流动和分享，帮助企业获取国际先进的科技成果，推动本土创新和知识产权的创造。

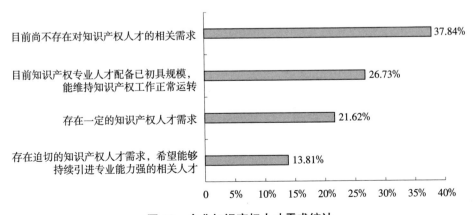

图 10　企业知识产权人才需求统计

2. 推动知识产权全链条保护

政府助推企业知识产权保护的核心在于营造良好的外部环境。具体来说，政府可以建立或支持相关机构，为企业提供关于知识产权法律法规、政策和程序方面的咨询和指导。设立线上平台，帮助企业解答疑问、提供法律意见，并协助企业制定知识产权保护策略。创新知识产权外部保护路径，有益结合保险机制与资金支持机制，如激励和支持保险公司开发知识产权保护相关的保险产品，设立专项资金或基金，通过补贴维权诉讼费用，支持知识产权培训和宣传活动等方式来支持企业的知识产权保护工作。从立法层面则应建立举证倒置原则等有利于知识产权持有者的明确规范，以便更好地保护权利人的合法权益。形成联防联控的工作机制。知识产权执法部门需要与工商、海关、公安等相关部门建立有效的信息沟通和数据交换机制，共同打击跨行业、跨领域的知识产权侵权行为。在有法可依的同时，加大执法保护力度，以及对侵犯知识产权行为的打击力度，严惩违法犯罪行为，保护企业的合法权益。

3. 提高知识产权运用水平

建立知识产权信息服务平台。向企业提供市场动态、技术发展、竞争情报等方面的相关信息。政府还可以整合和提供各类知识产权数据库和文献资源，帮助企业了解和获取相关的知识产权信息。健全知识产权交易市场，为企业提供一个买卖、转让和许可知识产权的平台。这可以促进知识产权的流通和优化配置，帮助企业获得所需的技术和创新成果，提高其竞争力和创新能力。设立知识产权运用专项资金或提供贷款支持。鼓励企业进行技术引进、合作研发，帮助企业快速获取和应用相关的知识产权，鼓励和支持企业之间的技术转让和合作，推进产学研结合。政府可以加强产学研结合的支持和引导，促进科研成果的转化与应用。通过建立创新平台、科技园区等载体，政府可以推动企业与高校、科研院所等机构的紧密合作，共享知识产权和技术资源，促进科技成果的商业化运用。

此外，根据 MM（Modigliani-Miller）理论，企业内外部融资成本相当，但在实际市场经济活动中，由于资本市场不完善、企业与外部投资者信息不对称、两权分离所引致的代理问题等因素，外部投资者出于风险偏好，会要求企业支付风险溢价，导致企业需要面对可获得性融资约束或资本成本融资约束。[21] 若企业同时面临内部融资资金难以维持创新研发、外部融资约束的双重困境，难免造成其投资活动无法达到帕累托最优状态，进而抑制企业的创新研发积极性。根据调研数据，江苏省科技型企业以中小企业为主，企业资产较少，多为知识产权，存在缺乏抵押物、商誉风险大等问题；加之企业的创新活动通常具有投入多、周期长、研发风险较高、收益水平不确定等特点，使科技型企业所受的融资约束程度较大，对其创新研发的抑制程度也较大。[22] 从实际情况检视，由图 11 可知，只有少部分企业非常了解政府的知识产权金融扶持政策，大部分企业只是基本了解，甚至有少部分企业从未接触。企业知识产权战略行稳致远离不开政策落地，引导企业知政策、懂政策、用政策方能为企业知识产权管理保驾护航。故在政府宏观政策层面，应加大对江苏省科技型企业知识产权质押融资、企业知识产权保险等政策的引导力度，强化知识产权保险等新兴业务的宣传工作，制定动态化的知识产权保险补贴机制，并根据当地的知识产权保险发展情况，合理化知识产权保险的保费设置，调整知识产权保险的补贴水平。同时，开展企业知识产权不动产评估、知识产权质押融资政策培训等，拓宽企业资金渠道，提升知识产权创造与运用能力。

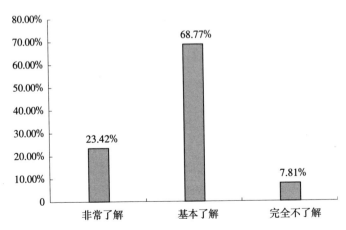

图 11　企业对政府知识产权金融扶持政策的了解程度统计

4. 优化知识产权管理能力

提升知识产权管理能力的外部举措重心在于标准化要求、合作化发展，强化知识产权的社会价值与公共服务功能。其一，推动知识产权标准化工作，制定和推广行业标准，帮助企业规范知识产权管理的流程和操作。这有助于提升企业的管理水平和专业能力，有效保护和运用知识产权。其二，促进企业之间、企业与高校科研机构之间的合作与交流。通过分享经验、共享资源，企业可以学习和借鉴其他企业的好的知识产权管理实践，提升自身的管理能力。其三，设立专门的知识产权公共服务机构，为企业提供咨询、培训和指导。这包括知识产权申请流程、维权策略、技术秘密保护等方面的培训内容，从而帮助企业了解和掌握知识产权管理的基本知识和技能。

（二）企业自我革新提升知识产权能力的路径

从企业角度来看，要实现企业的知识产权强企路径构建，可以考虑以下四个关键步骤。

1. 建立健全以知识产权管理为基础的企业知识产权战略

科技型企业的知识产权往往是其核心竞争力的重要组成部分，制定科学的知识产权战略，有助于企业保护自主创新成果、商业机密和品牌价值，防止他人的侵权行为，维持市场份额和领先地位。而完善的知识产权管理体系对企业的发展而言同样有着至关重要的作用，它不仅可以保护企业的创新成果和核心竞争力，提升品牌价值和市场地位，还可以预防风险和法律纠纷，促进技术创新和知识共享，实现商业化和价值实现能力的提升。因此，企业应当明确自身在知识产权领域的战略目标，建立健全以知识产权管理为基础，以知识产权创造、知识产权保护、知识产权运用为外围支撑的知识产权体系，全链条规范知识产权的获取、保护、运用和管理过程。

2. 构建多元化的知识产权保护机制

有研究指出，企业可以选择多元的知识产权保护机制以获取更高的创新收益。因此，企业可以构建以专利为核心，以商标、软件著作权、商业秘密为外围的多元化知识产权保护机制，建立起知识产权保护的多方位"围墙"，以维护自身技术创新成果，增强企业核心竞争力。

3. 制定多样性的知识产权运用策略

为实现知识产权强企的建设目标，企业应当明确自己的知识产权资源，了解自身的知识产权状况和价值。在明确企业知识产权资源的基础上，结合技术水平、市场需求和竞争情况，制订合理、多样的计划，在自我转化、转让、许可等传统方式之外，以质押融资、证券化入股等多种形式开展运用工作，从而多方面、多层次地为知识产权强企建设赋能。

4. 专业人才充实知识产权团队结构

知识产权领域涉及法律、技术和商业等多个方面的知识，因此，专业的知识产权人员需要同时具备专业法律知识、较高的技术理解能力以及一定的管理学素养。作为培养人才的重要基地，高校和研究机构可以为企业不断输送优秀的人才资源，而服务机构、行业协会同样拥有丰富的实践经验与技术专长。企业可以通过与这些机构紧密合作，共同开展研究项目，借鉴其经验和专业知识，实施技术转移，共享创新成果，提升自身的创新能力。具体来说，可以通过建设学生实习基地、开展导师制度或提供奖学金等方式，吸引优秀的人才加入企业。加强此类外部合作一方面有助于加快技术落地和商业化进程，另一方面可以降低研发成本和风险，为企业注入新鲜的智力和创新能量。

知识产权事务与企业发展紧密相关，以高素质的专业人才填充专门且独立的知识产权团队或部门，是保护企业创新成果、促进创新驱动和商业化实现的重要方式；同时还能进行全面的法律风险管理，建立竞争优势。团队架构建设完成后，还应当强化与前端研发、后期销售等各部门的合作关系，并共同推动知识产权工作的落地实施。

当今是知识经济的时代，知识产权的保护和运用对企业的发展至关重要，构建知识产权强企是企业实现可持续发展的关键路径之一。知识产权强企的建设是一个复杂的系统性工程，需要全方位、多层次的共同努力。因此，企业要始终坚持"创新驱动、保护先行"的原则，以创新为源头，用保护来保障创新成果，将知识产权工作全面融入企业的各个环节中，全员参与、全过程管理，从而在日益激烈的市场竞争中立于不败之地。

六、总结与展望

创新是引领发展的第一动力，科学完备的知识产权制度则是创新发展的基本保障，具有实现"知识创新"的价值目标。[23] 因此，如何提升科技型企业知识产权创造、运用、保护、管理的能力成为亟待研究的课题。新时代的大学生群体自当以学促研、以研促行，将论文写在祖国大地上。

面对江苏省科技型企业数量众多、类型各异的现状，首先，本文通过对比分析企业知识产权成果占比、投入与产出、人员规模等，以"正式保护型"与"非正式保护型"为依据，对被调研的 333 家企业进行分类，对照两组企业知识产权创造、运用、保护、管理的相关数据，创新性地构建了以管理能力为基础的企业知识产权能力概念模型。其次，从内外部环境出发，调研省内科技型企业的知识产权现状，提炼出企业知识产权能力存在"创新水平的规模差异性、运用方式单一、维权困境、战略布局难度大"等现实问题，并着力从人才结构、保护程度、管理构架等方面分析其成因。最后，以概念模型为抓手，从政策支持与内部革新两个层面提出"以知识产权管理为主体，兼顾创造、运用与保护"的具体化能力提升措施。下一阶段，调研团队将继续依托两大省级项目的平台优势，扩大调研对象的类型范围，深入挖掘知识产权管理的体系优势与前瞻性措施，以定量研究的方法构建更科学合理的评估模型，为江苏省科技型企业知识产权能力的培育与提升建言献策。

参考文献

[1] 肖延高. 基于竞争优势的企业知识产权能力研究 [D]. 成都：电子科技大学，2009.

[2] 中国科学院创新发展研究中心. 2009 中国创新发展报告 [M]. 北京：科学出版社，2010：2.

[3] 国家知识产权局知识产权发展研究中心. 2012年全国专利实力状况报告（征求意见稿）[R]. 北京：国家知识产权局，2013.

[4] 林洪，冯建龙，李铮，等. 中小微企业知识产权创造能力内部影响因素实证分析：基于中小微企业知识产权调查数据 [J]. 科技管理研究，2016，36（17）：171-176.

[5] 莫守忠. 我国企业知识产权侵权纠纷的诱因及对策 [J]. 湖南财经高等专科学校学报，2007（3）：5-8.

[6] 柴丽. 科技型中小企业知识产权运用的实效性研究 [J]. 知识经济，2017（6）：18-19.

[7] 唐余康，仇松杏，章立，等. 江苏省科技型中小企业发展现状及培育机制研究 [J]. 企业科技与发展，2022（6）：1-3.

[8] 黄聿舟，李甜甜，裴旭东，等. 知识产权管理对国有企业新产品开发创新绩效的影响 [J]. 西安石油大学学报（社会科学版），2023，32（4）：45-55.

[9] 季盼盼，沈世娟. 科技型中小企业专利权质押融资模式的优化：以江苏省常州市为例 [J]. 常州工学院学报（社科版），2021，39（2）：108-115.

[10] 舒欣，安同良. 知识产权保护行为、创新产出与企业绩效：基于江苏省制造业企业微观创新调查 [J]. 宏观质量研究，2020，8（5）：70-82.

[11] 吴桐，刘菊芳，马斌，等. 我国知识产权服务业发展现状与对策研究 [J]. 中国发明与专利，2012（6）：63-67.

[12] 任声策，胡尚文. 面向2035年促进科技型中小企业知识产权发展的对策研究 [J]. 中国科技论坛，2021（6）：6-9.

[13] 陈彦博，彭博逊. 科技型中小企业知识产权管理的现状审视及策略探讨 [J]. 中国集体经济，2022（14）：116-118.

[14] ANTON J J, GREENE H, YAO D A. Policy implications of weak patent rights [J]. Innovation policy and the economy, 2006, 6: 1-26.

[15] 胡冰洋. 大力发展知识产权金融 推动经济高质量创新发展 [J]. 宏观经济管理，2021（1）：73-77.

[16] 马彧崧，齐天凤. 科技型中小企业知识产权融资服务体系探究 [J]. 学术交流，2018（8）：93-97.

［17］胡翔菲. 知识产权服务业人才问题研究［D］. 北京：对外经济贸易大学，2016.

［18］彭飞荣，姚帅，汪煜渌. 浙江省科技型研发企业知识产权风险防范对策探究［J］. 今日科技，2021（9）：48-50.

［19］曹玲芳. 科技创新型企业知识产权保护现状与对策研究［J］. 科技创新与应用，2021，11（19）：42-43.

［20］魏来. 沈阳科技型中小企业知识产权保护现状与困境破解［J］. 企业科技与发展，2022（2）：10-12.

［21］陈艳，杨鹏程. 科技型中小企业投资的双重融资约束分析［J］. 宏观经济研究，2015（6）：88-100.

［22］林登辉，王华丽，张钰宁. 知识产权保险、融资约束与企业创新战略：基于科技型企业的准自然实验［J］. 科技管理研究，2022，42（23）：160-168.

［23］吴汉东. 新时代中国知识产权制度建设的思想纲领和行动指南：试论习近平关于知识产权的重要论述［J］. 法律科学（西北政法大学学报），2019，37（4）：31-39.

不正当竞争行为性质认定分析[*]

——以 19 个数据抓取类案件法院判决为基础

一、引言

中共中央、国务院于 2022 年 12 月 19 日发布的《中共中央 国务院关于构建数据基础制度更好发挥数据要素作用的意见》（以下简称"数据二十条"）提出，要充分认识和把握数据产权、流通、交易、使用、分配、治理、安全等基本规律。数字经济时代，互联网竞争逐渐开始转变为各个经营者对客户专注力的掠夺，这一市场博弈表现为互联网企业对网络数据量、网络曝光力度、网络素材等的竞争。为探索有利于数据安全保护、有效利用、合规流通的产权制度和市场体系，完善数据要素市场体制机制，《反不正当竞争法》在 2017 年 11 月进行了自生效以来的第一次修订，新增第十二条用来规制互联网新型不正当竞争行为，从《反不正当竞争法》立法精神的角度出发保护市场公平竞争秩序。该条款以列举方式对互联网不正当竞争行为进行归类，但由于法律条文本身的滞后性，市场主体的自发活动无法被尽数列举，各种新型问题的出现都是对《反不正当竞争法》第十二条法律适用的挑战，作为类型化条款，无论是将适用条件细化，还是对其中兜底性条款的适用范围放宽，抑或是在法律修订时根据具体情况加入新的法条，如何应对社会经济生活的挑战，这一问题亟须解决。

---

* 作者：张志强、刘凤洋、徐雪阳，河南科技大学法学院 2023 级硕士研究生。

二、数据抓取类不正当竞争案件现状

根据北大法宝数据库披露的信息，将近年来的数据抓取类不正当竞争案件进行汇总，并对案件数量、分类情况、被诉行为涉及因素等方面进行分析，以便掌握该类型案件的发展趋势。

（一）历年案件数量

在北大法宝数据库中选择"司法案例"，搜索"数据抓取"进行全文检索，数据截止日期是 2023 年 10 月 25 日，在结果中按照审结年份进行分类。如图 1 所示，数据抓取类不正当竞争案件数量整体呈现有起伏的上升趋势，2013—2016 年波动上升，2016 年达到了 9 件，此后开始逐渐回落，2019—2021 年爆发式增长，2020 年、2021 年数量达到顶峰，均为 27 件，此后两年数量回落至之前水平。在检索出的 117 件案件中，将重复案件排除后得到 97 个结果，为了使所选择案例能够更好地反映《反不正当竞争法》修改后对实务的影响，根据案件案情，以"数据爬取行为"为标准，在 2019—2023 年的案例中进行筛选，共选出 19 件案件。

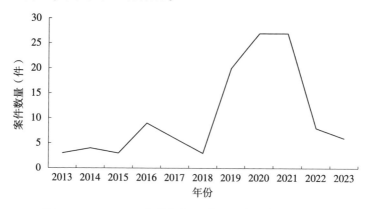

图 1 2013—2023 年数据抓取类不正当竞争案件数量

（二）案件判赔金额

如图 2 所示，对这 97 个案例的法院判赔金额进行分类，其中无判赔金额的共有 26 个（其中包含不认定构成不正当竞争以及管辖权异议诉讼），判赔金额为 100 万元及以下的有 53 个，100 万元以上 500 万元及以下的有 14 个，500 万元以上 1000 万元及以下的有 2 个，1000 万元以上的有 2 个。总体来看，法院判赔金额多集中在 100 万元及以下，占比达到 55%。

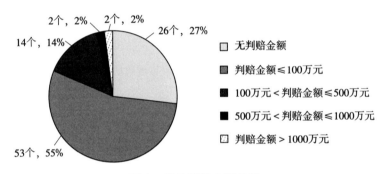

图 2　案件判赔金额分类

（三）案件审理法院及审理阶段

在审理法院和审理阶段上进行区分得到图 3。案例中绝大多数审理法院集中于北京、上海、广东、浙江等经济发达地区，中西部地区只有 1 个案件是由陕西省西安市中级人民法院审理；在审理阶段上，一审案件与二审案件数量基本持平。绝大多数案件的审理法院集中在北京，包括 25 个一审案件、26 个二审案件以及 1 个再审案件。

上述统计结果显示，数据抓取类不正当竞争案件总体案件数量并不庞大，且多集中于 2019—2021 年，其余时段案件数量并无明显差别，多数案件被认定构成不正当竞争，判赔金额也较为集中，且审理法院多集中于经济发达地区。

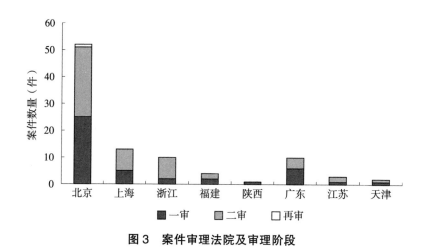

图3　案件审理法院及审理阶段

三、19个数据抓取类不正当竞争案件列举

将筛选出的19个案件按照具体行为共分为5类，分别是批量操作、抓取他人数据并展示、改变展示规则、针对性限制以及不存在可保护法益，从每个类型中选出一个代表性案例（以"★"标识），并对其中的代表性案例进行详细论述分析，具体情况如表1所示。

表1　裁判结果统计

分类	序号	案号	行为事实	法院认定	是否构成不正当竞争
批量操作	1	（2019）浙8601民初1987号★	被控的侵权软件改变原告产品基本设置，下载储存用户个人信息，进行批量操作，扰乱正常运行秩序	扰乱了原告平台的安全稳定运行状况	是

分类	序号	案号	行为事实	法院认定	是否构成不正当竞争
批量操作	2	（2019）粤 03 民初 1911 号	被告利用技术手段下载储存原告平台数据及用户个人信息，在平台进行批量操作	影响原告平台用户个人数据安全，具有主观恶意，有违诚信原则和商业道德；破坏了互联网市场的公平竞争秩序	是
	3	（2019）粤 03 民初 1912 号	被告利用技术手段下载储存原告平台数据及用户个人信息，在平台进行批量操作	对原告平台用户的个人数据安全产生影响，具有主观恶意，有违诚信原则和商业道德；破坏了互联网市场的公平竞争秩序	是
	4	（2019）粤 03 民初 1913 号	被告利用技术手段下载储存原告平台数据及用户个人信息，在平台进行批量操作	对原告平台用户的个人数据安全产生影响，具有主观恶意，有违诚信原则和商业道德；破坏了互联网市场的公平竞争秩序	是
	5	（2020）陕 01 知民初 1965 号	被告以技术手段在原告平台进行批量操控，获取原告数据信息	被告通过技术手段与原告产品服务器交互，获取原告产品信息，妨碍、破坏了原告软件正常的运行规则，侵害了原告的合法权益	是
	6	（2020）粤 0106 民初 36378 号	被告通过技术手段在原告平台上大批量操作，收集用户信息；使用并传播原告享有著作权的作品	被告侵害了原告享有的著作权，修改原告产品设置，破坏了平台的正常运行秩序，侵害了原告的合法权益	是

分类	序号	案号	行为事实	法院认定	是否构成不正当竞争
抓取他人数据并展示	7	（2019）京0108民初33822号★	被告公司利用技术手段抓取原告公司网站前端上的文章并使用	未有证据显示被告行为破坏或妨碍了原告系统的正常运行，且未对其抓取的文章进行同质化利用	否
	8	（2019）浙0108民初5049号	被告抓取原告平台的公开数据并使用，对原告平台的用户进行引流	涉案数据虽已经公开，但非绝对意义上的开放数据，被告的抓取和使用明显超过合理限度，且违反了行业通行商业道德	是
	9	（2021）沪0110民初3349号	被告抓取原告数据，绕过原告限制将原告数据向公众免费提供	原告设立的数据库免费向公众提供查询服务，但需要下载原告软件，被告抓取行为掠夺了原告的用户，减损了原告因此而享有的市场竞争优势	是
	10	（2020）京73民终3422号	被告通过技术手段抓取原告经收集、整理、分析后所得到的数据结果，并向社会公众有偿提供	被诉行为对原告构成实质性替代，损害了原告的经济利益和竞争优势，主观恶意明显，违背了诚实信用原则和公认的商业道德	是
	11	（2021）京0108民初35781号	被告抓取原告经整理加工后的数据并将其转载到自己网站上向社会公众提供	被告违背诚实信用原则，搬运复制他人已有信息据为己有，并作为自身经营资源予以展示和使用，违背了诚实信用原则，扰乱了市场秩序	是

分类	序号	案号	行为事实	法院认定	是否构成不正当竞争
抓取他人数据并展示	12	（2021）京73民终1011号	被告抓取原告平台上的视频文件、评论内容并通过自营平台向公众提供	被告主观恶意明显，抢占原告公司的流量和用户，削弱了原告公司的竞争优势，损害了原告的合法权益	是
	13	（2019）京73民终2799号	被告抓取原告平台上用户发布的信息并在自营平台上向公众提供	原被告双方均属于《反不正当竞争法》规定的经营者且具有竞争关系，被告行为损害了原告的合法权益，构成不正当竞争	是
	14	（2017）京0105民初46234号	被告利用技术手段将用户从原告网站上复制的信息数据抓取到自营网站	被告抓取原告网站上的数据，侵害了原告的合法权益以获取竞争优势，造成实质性替代，主观恶意明显，构成不正当竞争	是
改变展示规则	15	（2019）京73民终3789号★	被告抓取、展示原告平台上用户发表的信息数据，改变展示规则，对其进行二次加工，扩大展示范围	原告的数据未向社会公开，被告抓取行为具有不正当性，加大了原告的运营成本	是
	16	（2020）京73民终2980号	被告抓取和使用原告平台数据和用户个人信息	被告被诉行为规模较大，具有主观恶意，且数据来源不合法，干扰了原告平台正常运行	是
	17	（2020）粤0104民初46873号	被告抓取原告平台上用户发布的信息，并绕过原告的限制将其对公众公开	被告的抓取行为对原告的服务产生替代效果，减少了原告平台的网络流量，损害了原告的利益	是

续表

分类	序号	案号	行为事实	法院认定	是否构成不正当竞争
针对性限制	18	（2021）京民终281号★	被告通过技术手段单独限制原告抓取其网站公开信息	被诉行为未对消费者利益和原告利益造成损害，属于被告企业自主经营权范畴内的事项	否
不存在可保护法益	19	（2019）京73民终2475号★	被告读取并下载原告储存的用户个人信息以获取竞争优势	公民个人身份证信息并非可保护的竞争利益，原告未对身份证信息进行加工形成可保护利益，缺乏起诉的基础。对被诉行为是否构成不正当竞争不予论述	不予讨论

对于表1所述第19个案例［（2019）京73民终2475号］，由于法院在说理过程中认定原告未对身份证信息进行加工形成新的可保护法益，对被诉行为是否构成不正当竞争不予讨论，因此，后续在对数据抓取不正当竞争行为进行认定分析时对于该案例不再予以讨论，仅在后续总结问题时作为案例使用。

四、数据抓取类不正当竞争案例认定因素分析

对表1中的案例进行归纳，将影响法院认定被诉行为是否构成不正当竞争的相关因素进行排列，得到调研结果如表2所示。

表2　认定不正当竞争涉及因素

案件序号	涉及因素					裁判理由	适用条款	是否构成不正当竞争
	数据是否公开	被诉行为是否正当	损害经营秩序	构成实质性替代	违背商业道德			
1	—	否	是	否	是	《反不正当竞争法》第二、十二条	《反不正当竞争法》第二、十二、十七条	是

案件序号	涉及因素					裁判理由	适用条款	是否构成不正当竞争
	数据是否公开	被诉行为是否正当	损害经营秩序	构成实质性替代	违背商业道德			
2	—	否	是	否	是	《反不正当竞争法》第二、十二条	《反不正当竞争法》第二、十二、十七条	是
3	—	否	是	否	是	《反不正当竞争法》第二、十二条	《反不正当竞争法》第二、十二、十七条	是
4	—	否	是	否	是	《反不正当竞争法》第二、十二条	《反不正当竞争法》第二、十二、十七条	是
5	—	否	是	否	是	《反不正当竞争法》第一、二、十二、十七条	《反不正当竞争法》第二、十二、十七条	是
6	—	否	是	否	是	《反不正当竞争法》第二、十二条	《反不正当竞争法》第二、六、十二、十七条	是
7	是	—	否	否	—	《反不正当竞争法》第十二条	《反不正当竞争法》第十二条	否
8	是	否	—	是	是	《反不正当竞争法》第二条	《反不正当竞争法》第二、十七条	是
9	是	否	是	是	是	《反不正当竞争法》第二条	《反不正当竞争法》第二、十七条	是

续表

案件序号	涉及因素					裁判理由	适用条款	是否构成不正当竞争
	数据是否公开	被诉行为是否正当	损害经营秩序	构成实质性替代	违背商业道德			
10	是	否	是	是	是	《反不正当竞争法》第二条	《反不正当竞争法》第二条	是
11	否	否	是	是	是	《反不正当竞争法》第二条	《反不正当竞争法》第二、十七条	是
12	范围内公开	否	是	是	是	《反不正当竞争法》第二条	《反不正当竞争法》第二条	是
13	否	否	是	是	是	《反不正当竞争法》第十二条	《民事诉讼法》第一百七十条	是
14	范围内公开	否	是	是	是	《反不正当竞争法》第二条	《反不正当竞争法》第二条	是
15	否	否	是	是	是	《反不正当竞争法》第二、十二条	《反不正当竞争法》第二、十二条	是
16	否	否	是	是	是	《反不正当竞争法》第十二条	《反不正当竞争法》第十二、十七条	是
17	范围内公开	否	是	是	—	《反不正当竞争法》第二条	《反不正当竞争法》第二、十七条	是
18	是	是	否	—	否	《反不正当竞争法》第二条	《反不正当竞争法》第二条	否

注：—表示该因素在判决书中并未提及。

如表 2 所示，根据法院对被诉行为的认定结果将案件分为构成不正当竞争和不构成不正当竞争；再对影响法院认定结果的因素进行分析，包括整体裁判思路走向、是否影响其他互联网经营者的正常经营、对他人权益造成损害情况、对市场公平竞争秩序影响等。在表 2 中，数据是否公开以及在多大范围内公开是法院在认定被诉行为是否侵犯到他人私权领域的参考因素，在传统裁判思路中将其作为一系列判断的起始标准，可分为公开、非公开以及范围内公开，并不直接影响行为性质的认定；而是否违背商业道德以及是否构成实质性替代两项因素与是否构成不正当竞争具有强相关关系，被诉行为构成实质性替代就会违背商业道德，进而构成不正当竞争。由于表 2 中其他因素与行为性质不具备强相关关系，或是需要其他法益填补其所造成的危害，因此下文将主要围绕这些非强相关因素展开讨论。

（一）构成不正当竞争

根据调研结果，对于其中被认定为构成不正当竞争的案例进行分类讨论，分为扰乱其他平台经营秩序和侵害平台用户个人信息安全。

1. 扰乱其他平台经营秩序

在代表性案例（2019）浙 8601 民初 1987 号中，被告运用技术手段编译群控软件，通过与好友聊天、同步账号信息、发布朋友圈、收发红包及转账、将好友加入黑名单等形式在各大网络社交平台上批量操作；采用辅助技术，自动化、成批操控个人社交平台账号，包括自动点赞、群发消息、被添加好友自动通过并回答、清除虚假粉丝、自动养号等。被告认为，涉案软件仅在部分方面突破了原产品的功能设置，但提高了用户在网络社交平台上的经营效率，且该突破没有妨害或破坏原告产品的正常运行秩序。法院在对该被诉行为是否构成不正当竞争行为进行认定时，归纳探究了原告供应服务的本意，对行为本质进行综合认定。

原告所提供的微信产品性质为网络社交平台，其关键作用在于帮助个人用户以添加好友、加入微信群与朋友圈以及线上支付等方式与其他单人客户通过互换信息、互动情绪、相互支持的交流而获得真挚、和睦、协作的交际体验。在微信产品使用过程中，客户体会到的切实感、安逸度、灵便性等，直接影响到客户使用微信产品的意图，构成个人微信平台的基本筹划生态。为此，在创建账号时，原告与用户签订服务条约，明确禁止干扰微信产品运行，不得危害平台安全、影响客户体验及损害他人正当利益。原告为减少对用户专注力的干扰，在个人微信产品的性能设计上尽可能简化，尤其严格禁止采用科技方式自动向用户量化发布销售信息及自动加入群聊、加好友、点赞等行为。而被控侵权程序突破了个人微信产品的固有性能配置，增添了诸多智能化、批量化操作微信、发表信息的功能。虽然这部分新添性能的实现，帮助少数运营性用户提高了经营效率，但对一般用户而言，被控侵权程序的应用会给其带来不必要的干扰。因此，涉案程序作为运营性用户运用于个人社交平台中的市场化销售用具，已脱离了原告产品作为交际平台的基础性能，会给客户使用产品造成干扰，破坏了原告产品的正常运行秩序；并且从产品运行的稳定与效率方面来看，被控侵权程序智能化、批量化操作与发表信息的运行方式会增加产品的运行负荷，降低产品运行的稳定性和运转效能，进而影响平台的正常运转。因此，该行为被认定为构成不正当竞争。

2. 侵害平台用户个人信息安全

在代表性案例（2019）浙 8601 民初 1987 号中，被诉侵权软件抓取获得手机中存储的后台数据，通过数据解析反映到涉案软件管理后台或用户端。该行为突破了原告产品的技术局限，新增加了收集、存储及监测运行数据的功能，虽然这部分新添性能的实现或经过了原告平台中相关经营性个人用户的委托承诺，但涉案软件所涉的对话、支付等信息都是在经营性个人用户与其他用户互动过程中产生的，并非该经营性个人用户的个人信息，其中涉及其他用户的隐私。个人用户向社交平台提供信息是基于其对该平台隐私数据保护能力的信任，涉案软件在用户不知情的情况下，私自将用户个人数据移作自己存储或使用，明显超出了相关个人用户对自身数据隐私保护的原有预期，影响到原告社交平台的安全、稳定、效率。涉案软件在运行中获取的信息内容仅限于授权个人社交账号使用者或该账号对应方的个人信息，属于未经分析加工的用户个人原始数据，该数据的内容通过用户的自我设定和收发信息形成，并非原告在运行个人社交平台过程中收集或再加工后的成果。原告有责任保护此类数据的安全，故原告可以禁止被告实施相应的行为，但无权就被告的该行为主张经济赔偿。

虽然原告无权就该行为向被告索取赔偿，但是被诉软件未经当事人允许收集用户个人隐私数据，已对原告网络产品的正常运行造成了妨碍、破坏，符合《反不正当竞争法》第十二条第二款第四项的规定，构成不正当竞争。

(二) 不构成不正当竞争

根据调研结果，对于其中被认定为不构成不正当竞争的案例进行分类讨论，分为未损害社会公众利益和抓取数据方自身权益未受到损害。

1. 运营方限制个别平台抓取信息未损害社会公共利益

在代表性案例 (2021) 京民终 281 号中，被告在其网站数字协议中以文字声明的方式限制原告抓取相关网页内容，而这些内容对大众和其他所有互联网机器人是完全公开的。被诉的数据抓取行为本质上是按照经营主体区分，而不是按照数据内容本身区分。这一特定限制显然与行业内众所周知的 Robots 协议公正、开放和促进信息自动迁移原则相悖，以及与网络行业经营者普遍恪守的开放、平等、分享、协作的网络精神相悖，不利于保障平等加入、理智竞争的网络市场竞争空间。原告在其网站上发布公告，其他网站经营者也可以通过 Robots 协议阻止原告抓取特定内容。鉴于此，包括原告在内的网络公司对于互联网运营者通过 Robots 协议来限制其他互联网机器人的抓取行为持容忍态度。因此，通过 Robots 协议对互联网机器人进行限制并不违反网络行业的贸易伦理。

网络领域中公共福利的增加，需要数据在更大面积和更深层次的共用，而非通过数据爬取对数据进行明显取代性或趋同化地利用。原告将数据抓取后并嫁接这一行为，形成了对被告平台内容的实质性替代，虽然在一定程度上扩大了消费者获得信息的渠道，但并没有在实质上增加消费者的消费体验，也并未对消费者的利益造成损害。此外，由于被告仅对原告的互联网机器人设置了 Robots 协议限制，即其他互联网机器人仍然可对其内容进行抓取，故不会出现所谓的信息孤岛局面，也不会损害到社会公众利益或竞争秩序，进而给原告带来损害。因此，对于被告限制原告抓取信息的行为不认定为不正当竞争。

《反不正当竞争法》并非私人权益保护法，在规定网络行业的竞争行为时，不应过度考虑静态利益和商业成果，而应更多关注竞争形式的正当性和竞争体制的健全，充分考虑贸易竞争的核心目标。互联网运营者出于维护自身市场竞争优势的需要而采用技术协议限制机器人抓取信息的行为，不能将其视为一种普遍运营方式作出绝对化判断，要结合双方所处环境、信息治理状态、网络机器人应用场景等进行综合判断。被诉行为并不禁止公共场合中的其他机器人抓取信息，不会影响社会公众获取信息，因此被认定为不构成不正当竞争，而是在行使企业自主经营权。

2. 原告无法证明自己采取保护措施且利益未受到损害

在代表性案例（2019）京 0108 民初 33822 号中，被告虽然利用技术措施抓取了原告网站上的文章，但上述文章存在于原告的网站前端，未有证据显示原告采取了反爬虫机制等技术手段，或被告实施了绕开、破坏原告技术保护手段的行为抓取文章，故难以认定被告的行为破坏或妨碍了原告系统的正常运行。且被告并未利用该文章攫取用户关注及流量，也未破坏原告的文章展示规则，故难以认定被告存在食人而肥、不劳而获等攫取原告竞争优势、为自身获取竞争利益的行为。基于《反不正当竞争法》保护法益的多元性，在判断一种竞争行为是否违反诚实信用或公序良俗进而构成不正当竞争时，习惯上应首先展示值得保护的利益，当这些利益发生竞合时，再对其加以衡量解决。本案例中，被告未对原告的文章进行同质化利用，其行为并未给原告造成损害，故被告的行为不构成不正当竞争。

五、数据抓取类不正当竞争认定思路的缺陷

（一）过于注重私权保护

对于案例中构成不正当竞争的部分，法院作出判决时的论述方向在于是

否扰乱经营秩序、侵犯他人权益，始终落脚于市场中的权利主体其合法权益边界是否受到被诉行为的突破，并视突破程度和方式而确定判赔金额；而案例中不构成不正当竞争的部分，法院认定不构成不正当竞争所依据的裁判理由是没有他人或社会公众的合法权益受到损害，注重保护市场中现已存在的且合法的利益主体，而不是保护竞争本身。

法院在裁判具体案件时，保护知识产权的思维模式是常用思路，论述重点在于经营者所付出的辛勤劳动，据此将其取得的竞争优势或成果视为法律上的"合法权利"，给予类似于绝对权的保护，按照"行为造成损害且二者之间具有因果关系"的标准将数据爬取定性为不正当竞争行为。[1] 这样的裁判思路对于经营者来说，是对其权益的完美保护，但对于消费者和社会公众来说，可能会达到忽视其合法权益的地步，反映到实务中，在处理数据爬取类不正当竞争案件时，裁判结果会呈现"一边倒"的倾向。

当前实践中，在处理很多类似案件时都会将竞争利益作为专有权予以严密保护，落脚点在于参与者的竞争利益，而非判断竞争行为是否符合《反不正当竞争法》的立法目的。一方面，竞争者间的力量对比关系是一个动态关系，企业的市场优势地位也是通过竞争建立起来的，而非依赖公权力的扶持。另一方面，借鉴国外立法经验，德国《反不正当竞争法》在适用过程中更加强调行为的正当性，在对不正当行为施以制裁前，首先会衡量各方利益。这一规定的法理在于，经营者权益不能获得类似绝对权程度的保护，即便数据爬取确实已经给竞争对手造成了损害，但如果该行为能给消费者及社会公共利益带来更大的福利，则对经营者的权利侵犯可在适当范围内被容忍与接受。

《反不正当竞争法》不应该成为保护单独一方经营者利益的侵权责任法，而应当是一部鼓励和保护公平竞争、维护市场秩序、保护市场竞争参与者合法权益的行为规制法，其裁判思路的出发点应当是保护竞争，而不是保护竞争者。

（二）因素认定过于单一

在代表性案例（2019）京 73 民终 2475 号中，法院对被告的行为进行审查后，认为被告软件的数据爬取行为具有不正当性，其抓取原告后台中的用户身份证信息以获取竞争优势，因此，法院认为原告主张的可保护的竞争利益应为基于用户身份证信息获得的竞争优势。而在网吧特殊监管环境的实名制要求下，被诉侵权软件的竞争优势来源其所具有的能够实现网吧监管需求的功能，而不是用户数量的多少。因此，在原告既未能证明其对用户身份证信息进行加工形成新的可保护法益，又无法证明身份证信息是其可保护竞争利益的情况下，认定原告在本案中不具备《反不正当竞争法》所保护的法益，缺乏起诉基础，对被诉行为是否构成不正当竞争不予论述。

传统裁判思路将数据公开程度作为判断爬取行为恶意大小的标准，在此基础上判断再创作行为是否存在，最终得出结果。实际案件中，如果数据本身处于不公开或范围内公开的状态，爬取方也未实施再创作行为，就会被认定构成不正当竞争。但是这样的裁判思路过于简单，对于认定因素的思考不够深入。在上述的代表性案例（2019）京 73 民终 2475 号中，在原告数据处于不公开的情况下，被告也未实施再创作行为，但是由于网吧特殊环境下的特殊监管要求，即使法院已经认定被告行为具有不正当性，也仍然无法认定被告的行为构成不正当竞争。在 2022 年发布的"数据二十条"中，数据被定义为一种新型生产要素，这一生产要素的最大特点在于其本身的无限可用性，即任一主体对数据的使用都不会减损其本身的价值，也不会增加其他主体在使用相同数据时的投入，更不会将其他主体排除在外，这也进一步强化了数据的非竞争性[1]，但这并不意味着数据市场上的经营者之间不存在竞争。随着市场环境的发展，传统裁判思路只对数据这一因素作出思考明显无法妥善应对一些特殊案件。

（三）类型化条款适用不充分

多数案例在最后作出裁判结果时，会引用《反不正当竞争法》第十二条的规定，但是《反不正当竞争法》第十二条有不同款项，分别对应不同情形，法院在引用时通常只提及第十二条，但是并没有指明具体的款项，这样的模糊引用可能会导致行为人在依据判决纠正自己的行为时无从下手。

最新修订的《反不正当竞争法》第十二条，包括概括、列举和兜底三个部分。第一款明确了本条的立法目的是规范互联网领域的竞争行为；第二款总结了互联网不正当竞争的主要方式，包括影响用户选择和其他方式，第二款的第一、二、三项是对互联网不正当竞争行为的类型化列举。这三类具体行为是对先前司法实践的抽象概括，具有一定的代表性。但纵观类型化条款的适用情况，仅有少数法院在审判互联网新型不正当竞争案件时选择了类型化条款，多数法院会偏向适用《反不正当竞争法》第十二条第二款第四项的兜底条款。新修订的《反不正当竞争法》第十二条，其构造本身并非完全封闭的列举，兜底条款的设置事实上拓宽了该法条的辐射范围，但是在裁判时过多适用兜底条款必然会形成对兜底条款适用路径的依赖，类型化条款的适用空间也会进一步缩减；[2] 然而，在司法实践中，对于此类不正当竞争行为往往通过法官个人对大数据产品的理解，与法律原则、立法目的等因素相互补充进行处理[3]，而法官个人的价值判断和理论选择都将对案件的定性与裁量产生影响，且兜底条款的适用虽然更加灵活，但其调整范围也较为模糊，对于诚实信用原则和商业道德等认定行为是否构成不正当竞争时涉及因素的判断无法统一。

六、数据抓取类不正当竞争认定思路完善建议

（一）考量多方利益平衡

在市场竞争中寻求竞争的公平和市场的自由，并以此为基础寻找一种相对平衡是《反不正当竞争法》的价值目标。而在司法实践中，法院普遍采用"私益优先"的裁判思路，首先确定是否具备合法的竞争利益，其次分析是否损害商业利益或成交机会，最后判断是否违背诚实信用原则和商业道德。在"私益优先"的裁判思路指导下，评价互联网经营者的利益之后，往往会忽略其他互联网竞争参与者、消费者、社会公众等其他多方利益，直接得出是否构成不正当竞争的结论。这也明显不符合《反不正当竞争法》的价值追求。

在处理具体案件时，应兼顾多元利益要求从横向和纵向两个方向来考虑：

横向上要考虑除经营者利益以外的消费者利益、竞争创新等利益；纵向上要考虑到消费者和竞争者的长期与短期利益、整体与个人利益。在互联网新型不正当竞争领域中，应当结合个案情节，综合考量后作出认定。法院在司法实践中不能仅将目光聚焦在消费者利益上，更要考虑到公平竞争秩序、创新进步价值等多元化利益。互联网经济就是对流量、用户的争夺，用户是互联网经济的核心，主导着互联网经济的发展，因此，在处理案件时不仅要注重消费者利益的关键作用，也要重视技术创新，对其带来的潜在以及长期影响进行考量。

(二) 综合考虑认定因素

法院以数据类型为基础对具体爬取行为进行判断后，应当再结合爬取行为之后的影响或爬取行为的最终结果进行行为界限审查，即考察数据爬取行为和后续创新行为之间的关联度，被诉行为能否促进技术创新和信息共享，且该数据爬取行为是否超过了必要限度造成了不应有的损害，这一审查标准应当以能达到目的的诸多手段中所造成的、合理范围内的相对最小伤害为准。

根据传统思路，在按照数据的公开程度对爬取行为恶意大小进行判断后，接下来判断的内容为爬取方作出的再加工，如果作出了再加工就认为已经形成了新的数据内容和竞争法益，可在一定程度上冲减爬取方通过爬取行为表达出的恶意。行为界限审查的逻辑在于，按照数据类型对爬取行为进行界定之后，不再孤立判断再创作行为是否存在，而是在此基础上进一步探究。如果不存在再创作行为，则说明爬取行为的目的就在于剽窃数据，自然构成不正当竞争；如果存在再创作行为，就要结合再创作的过程和结果判断其与爬取行为之间的关联关系，即爬取行为的"因"能够在多大程度上引起再创作的"果"。这样的裁判思路拓宽了法院处理具体案件时的可选择范围，将判断结果由之前是或否的二者择其一变成了权重大小的判定，更能够适应市场竞争的复杂形势。

(三) 细化类型化条款适用

在《反不正当竞争法》第十二条出台以前，实务中的互联网不正当竞争案件，主要由裁判者从诚实信用原则和是否违反商业道德入手进行说理论证，形成了较为稳定的裁判思路。

对互联网专条的类型化规定要在充分理解的基础上适用，针对具体的类型化行为应当充分了解行为的特点和违法性，深入理解类型化行为。兜底条款在裁判中的适用、不同条款之间的转化等都依赖裁判者个人的自由裁量，如果一味依靠兜底条款来说理论证，将会形成从类型化条款转向兜底条款的路径依赖[4]，因此，对于兜底条款的适用应当保持足够的谦抑性。《最高人民法院关于适用〈中华人民共和国反不正当竞争法〉若干问题的解释》（以下简称《解释》）中，基于平台经济新竞争生态特点进一步释放了《反不正当竞争法》第十二条兜底条款的适用效能，将构成"妨碍、破坏"产品或服务正常运行的条件进一步明晰。《解释》第二十一、二十二条进一步明确了对《反不正当竞争法》第十二条各条款的适用要求，将实践中具体侵害消费者利益的行为与第十二条第二款中的各项类型化条款规定一一对应。以此为基础，在面对具体案件时，对于《反不正当竞争法》第十二条各款项，要优先适用已经明确的类型化条款；对于类型化条款难以针对的，在经过充分的解释说明后，转向适用兜底性条款；对于第十二条各款项均无法规制的，再转而适用其他具体条款进行评价。

七、结语

数据作为第五大生产要素已成为数字经济时代的"石油"，企业围绕数据展开的纠纷愈演愈烈，不正当的数据抓取行为不仅会损害经营者的利益、扰乱市场竞争秩序，更会造成公共利益的减损。本次调研选取 2019—2023 年的案件，并从中筛选出代表性案例进行分析，总结法院在认定此类案件时存在的问题，在对数据抓取类案件进行合理分析的基础之上，提出解决建议，能够为未来更多的同类案件提供参考和借鉴。在寻找参考文献过程中，还有许多解决问题的思考路径具有借鉴意义，限于文章主题，所以没有列出，我们在今后的学习过程中将会对这些思路一一进行总结概括，以期得到新的成果。

参考文献

[1] 丁国民，陈子剑. 数据爬取不正当竞争认定的反思与转进 [J]. 合肥工业大学学报 (社会科学版)，2022，36 (6): 24-31.

[2] 刘荣彪. 互联网新型不正当竞争行为认定法律问题研究 [D]. 蚌埠: 安徽财经大学，2023.

[3] 夏一景. 大数据产品抓取行为的不正当竞争认定路径探究: 基于平台经济视野 [J]. 现代商贸工业，2022，43 (20): 152-154.

[4] 李浩然. 反不正当竞争法互联网专条的司法适用研究 [D]. 兰州: 兰州大学，2022.

[5] 张占江. 论反不正当竞争法的谦抑性 [J]. 法学，2019 (3): 45-59.

[6] 祝建军. 网络不正当竞争侵权成立的考量因素 [J]. 人民司法 (应用)，2019 (10): 4-9.

[7] 张占江. 不正当竞争行为的认定的逻辑与标准 [J]. 电子知识产权，2013 (11): 22-27.

[8] 谢兰芳，黄细江. 互联网不正当竞争行为的认定理念 [J]. 知识产权，2018 (5): 15-28.

[9] 叶飞. 互联网情境下不正当竞争行为的认定 [J]. 人民司法，2022 (2): 13-17.

人才培养之提升辅修机制

——基于理工科高校知识产权学生辅修态度的研究*

一、引言

随着以人工智能为代表的新技术不断涌现，学科专业领域持续交叉与融合，单一学科背景和专业知识能力已无法适应复杂多样的人类生产生活，具有交叉复合型背景的人才越来越得到社会青睐。[1] 因此，培养复合型人才顺理成章地成为当前我国高校教育教学改革的重要目标。作为交叉复合型人才培养的有效途径之一，辅修专业因具有灵活且实用的优势而广受认可。

为贯彻习近平总书记和党中央的决策部署，并为新时代义务教育改革发展指明方向，2019 年，教育部《学士学位授权与授予管理办法》指出：具有学士学位授予权的普通高等学校，可向本校符合学位授予标准的全日制本科毕业生授予辅修学士学位，支持学有余力的学生辅修其他本科专业。[1] 完善高校辅修学士学位机制（以下简称辅修机制）对于更好地满足学生发展需求至关重要。基于此，本文立足于理工类高校知识产权专业辅修机制，探索分析知识产权专业学生对学校辅修机制的态度，为辅修学习机制设计提供参考与建议。

---

* 作者：柯鑫、谭林峰，重庆理工大学重庆知识产权学院 2022 级本科生。

二、辅修的意义与现状

(一) 辅修的意义

辅修制度的出台旨在支持学有余力的本科生能够辅修与主修学士学位归属不同的本科专业大类，从而让学生可以获得辅修学士学位。这一制度意味着给予了学生再次选择专业（虽然是辅修专业）的机会，让学生得到更多的选择。

1. 有利于大学生知识面和综合技能的提升

对大学生来讲，辅修专业能够使其获得第二次专业学习机会，在促进自身知识面提升、综合技能提高等方面发挥着重要作用。一方面，受高考制度的影响，许多理科学生在选取大学专业时，往往会偏向于理科方向，文科学生也会选取偏向于文科方向的专业，使自身的知识结构呈现单一化的特点，导致知识面受到局限。[2] 另一方面，在当前的就业环境下，学生被迫选择自己并不喜欢的专业，导致学生学习时面临更大的挑战。而辅修制度的出台，让学生可以在学习过程中提升自身的综合技能，并有机会选择自己喜欢的专业。

2. 有利于大学生就业技能的全面提高

现阶段，大学生面临着越来越大的就业压力，不少学生都想通过辅修专业来提升自身的就业竞争能力。一方面，由于我国高等教育专业课程设置围绕相关领域展开，这导致相关专业的应届毕业生在就业过程中往往只能从相关领域入手，如若这个领域人才需求处于饱和状态，学生就会面临相对较大的就业压力；另一方面，由于部分工作岗位需要多个学科知识相结合，就业难度相对较大，毕业生如果不完全具备相关能力则无法胜任该工作，这导致部分毕业生就业面较窄。而辅修专业的开展，不仅为上述毕业生提供了一个较好的机会，也为就业要求相对较高的岗位输送了更多人才，扩大了毕业生的就业面，在一定程度上缓解了就业压力。

（二）知识产权专业辅修的基本现状

1. 辅修人数逐渐上升

经调查，近年来，大学生对辅修的积极性明显提高。就重庆理工大学而言，最新一次的辅修申请意愿调查显示，2022级知识产权专业的学生有超过一半愿意选择辅修。不仅如此，调研组通过收集资料后综合数据发现：最近几年，不少高校学生对辅修的兴趣增加，辅修报名人数显著增多，知识产权专业学生对辅修的需求正在逐渐上升。

2. 学生辅修动机多元化

学生选择辅修的动机是了解学生对辅修态度的关键。"申请辅修后，是否会进一步了解所选辅修信息"的问卷调查结果显示，大部分学生都会进一步对其进行了解。从"学生修读辅修动机"的调查数据来看，27.50%的学生希望拓展自己的知识面，84.27%的学生希望通过辅修来提升自身的竞争力，92.13%的学生希望其能够对今后的职业发展有所帮助，64.32%的学生想进一步了解辅修，还有小部分选择是出于其他原因。可见对辅修的选择呈现多元化现象，如图1所示。

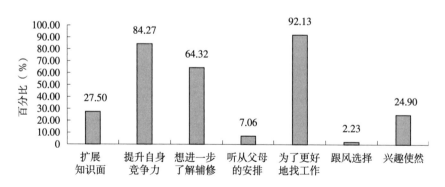

图1 学生修读辅修动机统计

三、理论分析与研究设计

由图2可知，本文研究按照整理调研数据—建立模型—问题及原因分析—对策探讨的逻辑思路展开。在准备工作阶段，首先对现存观点及资料进行梳理，全面分析相关资料，在现有研究的基础之上寻找新的解决方法和突破口；其次深入分析调研数据，与此同时，采用案例分析法（以重庆理工大学等理工类高校为例）深入探究我国高校辅修专业制度的问题及其归因，并围绕辅修专业制度谈现存问题；最后在前文研究的基础之上提出可行的应对方法。

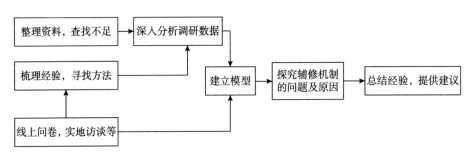

图2 研究设计思维导图

（一）数据来源与调查方法

本文研究数据来源于研究小组于 2022 年 9 月对多个高校进行的问卷调查、实地访谈和电话访谈。其中，问卷调查采用网络问卷的方法对知识产权专业 538 名与辅修有关的学生进行调查，问卷内容包括学生的基本信息、获取信息渠道、选修动机、修读困难、收获情况等。收回有效问卷 519 份，有效回收率为 96.47%。对知识产权专业大学生、知识产权专业中选择了辅修的毕业生、各类辅修情况的在校学生等以实地调研和电话专访模式进行调研，内容包括对辅修的态度、辅修过程中的问题、对辅修的建议等。总体来看，样本选取较为科学。

（二）样本说明

本文数据可大体分为基础问题和具体案列问题两部分。基础问题是对"犹豫是否辅修、未辅修、正在辅修、中途退出"的知识产权专业所有学生提出的问题，具体案例问题则是对以上四个方面提出的更为具体的问题。

表 1 为上述所提到的基础问题的描述性统计结果。数据显示，在受调查样本中，有 11.72% 的学生正在犹豫是否辅修，正在辅修的学生有 29.36%，中途退出的学生有 7.06%，未辅修的学生有 51.85%。在了解辅修渠道方面，通过学校通知了解的学生有 93.68%，其他渠道较少。在辅修的价值方面，分别有 92.13% 和 84.27% 的学生认为辅修能使其更好找工作和提高自身竞争力，还有不少学生认为通过辅修能拓展知识面，仅有小部分学生是跟风和父母建议。在"重新给一次机会是否会选择辅修"问题中，会选择辅修的学生远远超过现在正在辅修的同学，这表明同学们对辅修越来越重视。

表 1　基本问题统计

变量名称	定义	频数	百分比（%）
您辅修的状况是什么？	犹豫是否辅修	63	11.72
	正在辅修	158	29.36
	中途退出	38	7.06
	未辅修	279	51.85
您了解辅修的渠道是什么？（多选）	学校通知	504	93.68
	同学交谈	163	30.29
	其他	42	7.80
您认为辅修的价值有哪些？（多选）	为了更好找工作	495	92.13
	提高自身竞争力	453	84.27
	拓展知识面	148	27.50
	跟风，别人修我也修	12	2.23
	兴趣使然	134	24.90
	父母建议	38	7.06
再给您一次机会您会选择辅修吗？	会	315	58.56
	不会	98	18.21
	不清楚	125	23.23

表 2 为具体案例问题的描述性统计结果。在正在辅修的学生中，认为辅修有用的占 45.00%，作用不大的占 43.33%，只有小部分学生认为不清楚和没有作用。对辅修专业非常满意的学生占 23.33%，认为一般的占 31.78%，不满意的占 28.99%，还有 15.90% 不清楚。大多数学生都认为自己能够完成主修和辅修双重学业。在教学进度与质量方面，23.33% 的学生非常满意，

48.85%的学生认为还可以，接近29.00%的学生认为不满意或不太行。在正在辅修的学生中，超过一半的人想过放弃，原因包括中途放弃不值得、还能坚持、已经交钱了、对未来很重要所以没放弃等。在犹豫辅修的学生中，14.29%的学生因为金钱压力，54.78%的学生因为含金量不高，71.43%的学生认为辅修占用大量时间，78.57%的学生因为课程难度大。在中途退出的学生中，大部分是因为占用时间太多、课程难度大、课程质量不高，还有一部分学生因为考研考公、专业不喜欢。在没有辅修的学生中，原因来自金钱压力的占7.55%，认为浪费时间的占22.64%，认为含金量低的占33.96%，认为难度大的占32.08%，对辅修专业不满意的占23.09%，不符合辅修要求的占7.74%。

表2　具体案例问题统计

类别	问题类别	定义	频数	频率
正在辅修	学校安排的辅修专业您满意吗？	非常满意	37	23.33
		一般	50	31.78
		不清楚	25	15.90
		不满意	46	28.99
	您是否有信心完成主修和辅修的学业？	有	125	80.00
		没有	18	11.67
		不清楚	13	8.33
	您满意老师的教学进度与质量吗？	非常满意	36	23.33
		还好	77	48.85
		不太行	30	19.34
		不满意	15	9.48
	您认为辅修有用吗？	有	71	45.00
		有但不多	69	43.33
		不清楚	8	5.00
		没有	10	6.67
	想过放弃吗？	有	84	53.33
		没有	74	46.67
	想放弃又没放弃的原因是什么？（多选）	中途放弃不值得	119	75.00
		还能坚持	69	43.75
		已经交钱了	74	46.88
		对未来很重要，所以没放弃	102	64.63

类别	问题类别	定义	频数	频率
犹豫辅修	您犹豫的原因是什么呢？（多选）	金钱压力	9	14.29
		含金量不高	35	54.78
		占用大量时间	45	71.43
		课程难度大	50	78.57
中途退出	您选择退出的原因是什么呢？（多选）	专业不喜欢	13	33.33
		课程难度大	20	53.33
		占用时间太多	18	46.67
		为了考研考公	5	12.56
		课程质量不高	24	63.33
未辅修	您未选择辅修的原因有哪些呢？（多选）	金钱压力	21	7.55
		浪费时间	63	22.64
		含金量低，觉得没用	95	33.96
		难度大，怕学不懂	89	32.08
		对辅修专业不满意	65	23.09
		不符合辅修要求	22	7.74

四、模型设定与结果分析

（一）模型选择说明

本研究以知识产权专业学生对知识产权辅修机制的态度为基础，对辅修专业政策、学校辅修机制提出可行性建议。由于需要对结构、制度、战略、员工（相关教学老师）等方面进行调整，因此建立麦肯锡 7S 模型分析法解决问题。下面为具体问题及解决方法。

1. 阐述问题

为促进复合型人才的培养，优化和完善高校的辅修机制显得尤为关键，这对于有效满足学生日益多元化的学习与发展需求具有举足轻重的意义。因此，研究小组整理出下列表格，通过决策者战略、执行者行动方面对"完善辅修机制、推行辅修制度从而推动复合型人才培养"问题设定了具体成功指标与需要交付的成果，其关键点在于国家、学校双重条件，最后根据关键问题交付关键成果，最终达到目的，如表 3 所示。

把关注点放在"如何完善辅修机制，将辅修在高校内进一步推行，培养符合社会需求的复合型人才"上。从国家政策入手，再到各个高校最终落实到每个学院每位老师。减少辅修实行过程中存在的问题，让辅修逐渐得到重视，最后实现"国家有政策，高校有秩序，社会有需求"的目标。

表3　问题框架阐述

定义问题（problem statement） 为促进复合型人才培养，逐步推行辅修专业制度，支持学有余力的全日制本科学生辅修其他本科专业。因此，完善高校辅修机制更好地满足学生发展需要至关重要	
决策者 （sponsor/stakeholder） 国家 教育部	问题背景 （background） 为贯彻习近平总书记和党中央的决策部署，为新时代义务教育改革发展指明方向。2019年，教育部提出相关高校可设置辅修学士学位，促进复合型人才培养，逐步推行辅修专业制度
关注点 （key objectives） 完善高校辅修机制 培养复合型人才 逐步推行辅修制度	成功指标 （scope and limitations） 教育部完善辅修相关制度 各个高校践行制度
执行团队 （working team） 各个高校及其内部组织 （如学院、老师等）	关键交付成果 （key achievements） 辅修学位证书取得的毕业生与报名时的人数几乎相等 学生在辅修过程中问题变少 更多学生愿意报名辅修

2. 分解问题

由表1可知，学生了解辅修的主要渠道是学校发出的通知（93.68%），但正在辅修的学生却仅有29.36%，不足1/3，未辅修的却有51.85%，超过样本总人数的一半。通过对辅修状况与了解辅修的渠道交叉分析可知，学校的宣传流于表面，虽宣传力度大，但深度不够，仅通过学生通知栏或者院系网络群的方式简单进行上传下达，既没有给予足够的重视，也没有可靠的、有针对性的介绍，如讲座、专业介绍会等，如图 3 所示。

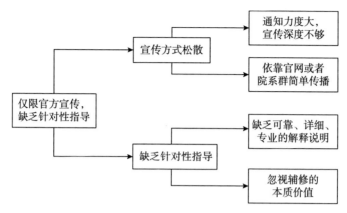

图 3　宣传文体树状图

结合实地访谈记录分析，我们发现辅修还存在以下问题。

第一，辅修证书含金量低。在未辅修的学生和犹豫辅修的学生中，部分学生不选择辅修是因为辅修证书的含金量低。这是由于现在的辅修证书并不是独立的学历，而是附加证书，由各个高校授予，导致部分企业并不认可辅修证书，从而使辅修证书的含金量远远低于主修学位证书。

第二，辅修课程质量不高。根据图 4 所示中途退出和正在辅修的学生对辅修课程质量的态度可以看出，在课程质量方面，中途退出的学生中有63.33%是因为课程质量不高，觉得用处不大所以选择退出，正在辅修的学生中有 28.82%对课程的质量不满意。

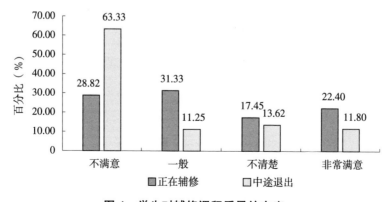

图 4　学生对辅修课程质量的态度

第三，辅修专业选择单一、课程难度大。在采访中，不少学生认为"学校专业选择单一，根本没有选择权"，学生们认为学校应该提供多元化的辅修课程供学生选择。结合表2对"中途退出、正在辅修以及未辅修"的学生分析，在学校选择的辅修专业方面，有相当一部分学生是因为专业太难、专业不喜欢而中途退出、想过放弃或者直接不选择辅修。

除上述问题外，不少学生还认为学院的反馈机制远远不能解决学生的需求，学校学院没有针对辅修的独立的信息反馈机制，反馈的问题常常得不到解决，因此导致问题频出。

第四，在四个类别的辅修状况下，每个类别都提出了一个共同问题：辅修占用时间太多。辅修课程一般都安排在周末或者临近期末的时间段，学生表示：这个时间段让他们直接失去了周末，且部分辅修时段与期末考试时间冲突，既要辅修又要准备期末考试，时间紧张，压力实在太大。

针对以上种种问题，研究小组做了树状图简洁地阐述了辅修机制存在的问题，如图5所示。

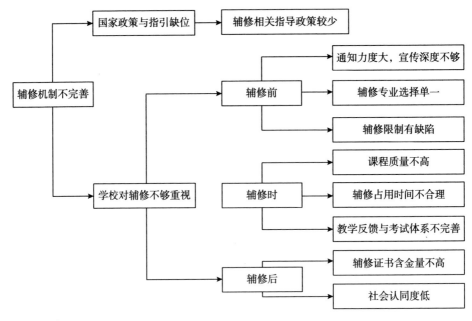

图5　辅修机制问题树状图

3. 淘汰非关键问题，总结关键问题

研究小组发现，结合图6、图7、图8和表2可知，不同辅修情况的学生大部分问题都集中于以下方面：辅修占用时间长，宣传深度不够，辅修专业选择单一，课程质量不高，考试和反馈不完善。我们结合"二八法则"可以发现：上述几个方面是高校在辅修机制实行中普遍存在的问题，这意味着80%的辅修问题出现在上述方面。因此，我们基本可以得出辅修中存在的关键问题。

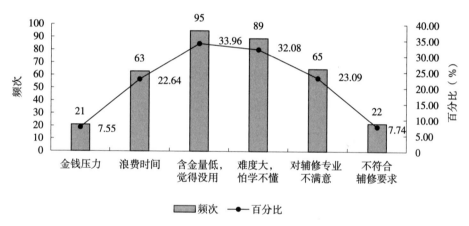

图6　未辅修原因统计

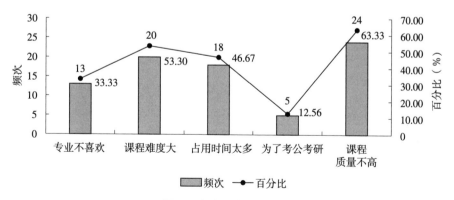

图7　中途退出原因统计

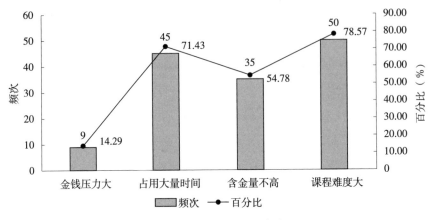

图8 犹豫辅修原因统计

在淘汰非关键问题后，可以得到我们所需要解决的关键问题，如图9所示。

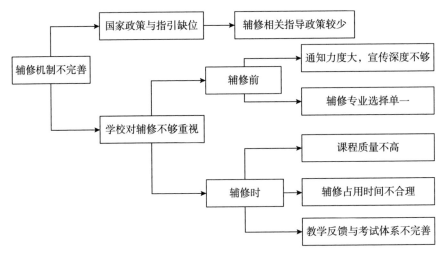

图9 辅修机制关键问题树状图

(二) 关键问题分析

1. 国家政策不够完善

2019 年，教育部为贯彻习近平总书记和党中央的决策部署，为新时代义务教育改革发展指明方向，颁发了《教育部关于深化本科教育教学改革全面提高人才培养质量的意见》。但在调研组仔细研究文件内容之后，发现文件中关于辅修的提及往往一带而过，没有明确的指导性与建设性表示。这表明辅修专业制度在宏观层面仍缺少支持，导致其在下行到具体高校后出现很大的差异，使其在践行中出现问题。例如：各高校授予的辅修双学位证书仅为学校层面认可的证书（仅在主修学士学位证书中予以注明，不单独发放学位证书），这意味着其含金量和权威性远无法与主修专业的学位证书匹配，导致社会对其认同度较低；高校践行辅修制度方案不一、缺乏指导经验等导致辅修过程中问题频出等。

2. 辅修宣传缺乏广度与深度

由于大学生认为辅修是给未来铺路的不错选择，所以近年来选择辅修的人数增多，但坚持到最后顺利结业的学生人数却未明显增加。这是由于在辅修教育开展过程中，大多数高校没有给予足够的重视，仅以微信公众号或者院群通知的方式简单地对辅修文件上传下达，学院也并没有组织辅修讲座等为学生深度详细地介绍辅修文件的难懂点。这种流于表面、简要宣传的方式对辅修专业的申请条件、注意事项、辅修利弊等均缺乏详细专业的解释说明，导致宣传往往只是力度大，但深度不够。

这更让部分学生无法根据自身需求或知识基础作出科学选择，在选择辅修专业时因缺乏科学的指导而盲目报名或放弃报名，导致部分报名的学生因学习负担过重等中途退出或挂科，而部分放弃报名的学生随着年龄、就业等心生后悔。因此，在选择是否辅修、辅修哪个专业前未对学生进行深入宣传是导致学生对辅修专业选择出现偏差的关键原因。

3. 辅修专业设置受限且种类单一化

辅修实践目标即推动学生主动选择跨专业、跨学科门类进行学习，促进学生知识结构的完善。这就要求高校开设数量多、门类全、范围广、不同学科、不同专业的辅修专业，从而为学生提供多样化选择。[3] 即使大多高校在开设辅修专业时会结合学校优势，但目前辅修专业仍然存在开设受限的问题。调研组认为存在此类问题的原因有三个：一是每个高校中每个院系的课表不一样，辅修又是在学生空闲时间进行授课，这就导致主修院系和辅修院系课表难以协调，且可选择的专业少。二是辅修开班人数有限制，但学生们的辅修专业意愿不一，如若推出多个辅修专业选择，人数少的班级就会难以授课并会极大地造成教师资源浪费。三是教育部对于设置或调整控制专业拥有最终的决定权。这说明高校即使克服了前两个困难，但对于专业设置也十分被动。截至目前来看，可供学生选择的辅修专业种类仍然较少。因此，学校在辅修课程设置方面不能满足学生不同时期多样化的需求，是现阶段存在的问题之一。

4. 辅修教学质量亟待改善

在辅修制度的实行过程中，部分辅修任课教师对教学工作的积极性不高，导致教学质量变差。通过调查分析，其原因主要有以下三点：一是任课教师课时量大，他们在完成主要教学任务时已经耗费了许多的精力，辅修单独开班又加大了工作量，在劳神费力的状态下，积极性有所下滑；二是由于辅修具有跨学科性，辅修老师难以把握教学内容的难易程度，既害怕无法让学生真正学到知识，又害怕讲解得太过深入，不能及时答疑解惑，以至于学生无法理解学科知识；三是在课堂中，缺乏督查人员深入辅修课堂听课评课，使部分任课老师上课过于散漫，教学积极性不高，教学质量大打折扣。

5. 学生反馈难以得到解决

辅修专业制度信息反馈机制的滞后与缺位，是影响高校人才培养方案完善与发展的重要原因。[3]

调查问卷结果显示，大部分学生都在辅修中遇到过问题，却没有正确的途径向学校院系进行有效反馈。这是由于学校院系在辅修教学反馈方式方面没有形成良好的教学信息反馈体系，导致学生在辅修专业课程结束以后，无法把辅修专业课程中的教学管理问题、教师评价等及时、准确地反馈给院系，造成学生日常反馈的信息无法得到有效解决。

6. 辅修专业期末考核随意

辅修专业授课时间一般为周末或法定节假日，时间的特殊性导致辅修专业课堂较为随意、授课时间不足、随意调停课等现象频频发生。由于上述种种原因，在最后期末出卷时，授课教师害怕严格出卷使学生期末考试通过率不达标，因此，部分教师为追求学校下达的"及格率"，采取透题、开卷考试等方式来放宽考核要求。这种"唯分数论"的考核方式不仅会使学生在辅修专业课堂中听课、请假随意，忽视课堂表现，更会导致辅修专业的考核方式与实践相脱离。"唯分数论""课堂混乱"等问题的出现，导致辅修专业课堂无法真正为学生传授知识，背离了辅修专业制度的初衷。

（三）可行性解决措施

1. 确立政策法规，推动辅修发展

辅修制度因缺乏核心法律法规的支撑，在实施过程中遭遇重重问题。鉴于此，国家应加大对辅修的重视程度，并着手完善辅修专业制度的相关法律文件体系，旨在促进辅修教育的革新与发展。为此不仅要出台或修订相关政策法规，为高校提供明确的指导方向，还要将辅修教育视为高等教育不可或缺的一环，通过法律手段对其各个环节进行严格界定与监管，从而扭转当前局面。

具体而言，应确保辅修专业制度的每一个环节都能找到法律依据，做到有规可循、有据可查。同时，这项工作还需要国家、高校以及社会各界共同努力，形成强大的合力，共同推动内外部辅修机制的建立健全。只有这样，辅修教育才能真正发挥其应有的价值，为培养复合型人才贡献力量。

2. 深化辅修宣传，拓宽传播广度与深度

辅修专业制度的初衷是给予学生对专业进行二次选择的权利，若高校在宣传时力不从心，其实质是限制了学生选择的权利，因此官方的深度宣传和个性化指导极为重要。

官方的深度宣传是指学校、学院在报名前开展针对性强、覆盖面广的公告或讲座等。这要求其对辅修的目的、选择标准、申请要求以及考核标准等作出详尽的解释，并且严格保证其内容的真实性，要特别避免对学校下发的文件进行简单的上传下达，或举办简单的辅修专业宣传会。个性化指导，则是指学院建立导师分配制度，通过一对一或一对多的形式，针对有辅修意愿的学生，在了解其辅修动机、个人实力以及未来就业愿景后为其提供专业的

相关建议。基于此，想要完整地做到保障学生在辅修前的选择权，学校、学院应利用不同渠道，通过线上线下相结合等方式对辅修进行广泛而深入的宣传。对此调研组提出了一些可行性措施。

一是将辅修专业的基本信息及相关介绍写入学生手册或制作《本科生辅修专业学生手册》进行发放，以便学生能够在需要时及时获取信息。在官方宣传的信息中，除了让学生知悉辅修专业的报名要求、条件限制、报名流程以及毕业要求等基本信息，高校还必须开展专业讲座，对辅修专业的本质及内涵进行深层次介绍。[3] 同时还可邀请正在辅修或已经完成辅修并毕业工作的学生为其解疑答惑，给出建议。

二是报名前加强对学生的个性化指导。建立辅修专业导师分配制度，成立专门独立的辅修指导小组或在学院内部动员本院老师，在选择前为有意愿的学生分析利弊，保证学生能详尽地了解辅修并作出正确的选择；在学生学习辅修专业的过程中，导师与学生保持动态跟随，随时了解其辅修情况。

3. 构建全面教学质量保障体系，强化教学质量管理

课程教学是大学生获取知识和技能、发展高阶思维最关键的教育活动。[4]因此，要提升辅修课程质量，首先，要在保证学生掌握基础辅修学科知识的情况下，能将知识运用到实践中。要达到这个标准，老师可以将主修课程与辅修课程相结合进行教学，例如，将《中华人民共和国专利法》等与辅修课程相结合，让学生对某些法律问题进行判断，以提升学生的实践能力。在主辅修专业差异无法消除的情况下，院系在安排老师设置辅修专业教学内容时，应该选择合理的教材与资料，以缩小实际教学效果与期望的差距，从而提高学生知识的综合运用能力，提升实践教学的有效性。

其次，教学质量是学生学习成效的基石，因此，高校需强化辅修课程的品质监管，并建立健全教师教学质量评估体系。同时，为鼓励教师积极参与并优化辅修课程的教学，学校应在教学工作量分配及课时酬劳上给予倾斜，确保将辅修教学任务纳入教师绩效评价体系之中，推动教学设计的持续优化与创新。

最后，主修学院可与辅修学院成立辅修问题反馈小组，由反馈小组收集

学生在辅修过程中存在的问题，反馈小组提出解决方法后反馈给任课老师后由其执行，层层解决，从而真正满足学生的需求，达到理想的教学效果。

4. 开展多元化教学形式，减轻辅修压力

在教学形式方面，为实现多种开课方式并存，可以将线上（学习通、课堂派、雨课堂等学习软件）、线下相结合（如周末线下授课，周一到周五线上视频自学的模式），或者学校还可将全校开课时间进行整体协调，将某一时间设定为只有辅修课程开课（如周一下午及晚上除辅修课程外，其余课程在此时间段均不授课），从而有效调节学生的辅修时间，缓解学生的辅修压力。

五、结语

在社会不断发展、国际竞争日渐激烈的环境之下，辅修制度的实行不仅是社会发展的现实需求，更是国家深化教育改革、优化人才培养计划的重要成果。它为当代大学生提供了交叉学习不同知识、建立高效的科学知识结构的途径。但事实表明，辅修制度在运行中仍存在着诸多问题，需要不断完善与改革。无论是国家政策的支持与指引，还是高校自身内部的调整优化，都需要考虑到辅修在实现过程中各个环节的落实与管理。

我们必须认真分析社会发展对人才需要的总体趋势，更新教育观念，贯彻教育方针，按照培养基础扎实、知识面宽、能力强、素质高的高级专门人才的总体要求，逐步构建起注重素质教育，融传授知识、培养能力和提高素质为一体的富有时代特征的多样化的人才培养模式。[5]让学生在辅修后能收获切实的知识与技能，同时为社会现代化提供更多全面发展的、高素质的复合型人才。

本文是立足于知识产权学生在高校实际辅修制度执行之下展现出来的最真实的学习情况调查，真实地阐述了辅修制度存在的问题，同时为其提出了可行性解决措施。但我国辅修专业制度依旧需要不断深入研究，继续探索改革之路。

参考文献

[1] 黄一如，范凯旋. 学生发展需求视角的本科辅修学习体系设计 [J]. 高等工程教育研究，2022 (1)：151-156.

[2] 国务院学位委员会. 国务院学位委员会关于印发《学士学位授权与授予管理办法》的通知 [EB/OL]. (2019-11-25) [2024-08-14]. https://www.gov.cn/zhengce/zhengceku/2019-11-25/content_5455232.htm.

[3] 任翔宇. 我国高校辅修专业制度及其改革研究 [D]. 武汉：武汉理工大学，2021.

[4] 黄雨恒，周溪亭，史静寰. 我国本科课程教学质量怎么样？：基于"中国大学生学习与发展追踪研究"的十年探索 [J]. 华东师范大学学报（教育科学版），2021，39 (1)：116-126.

[5] 张红岩. 适应社会发展，培养复合型人才：关于高等学校双学位及主辅修制度的思考 [J]. 中国科技信息，2005 (13)：404.

高校学生对知识产权成果转移转化认知情况的调研报告[*]

一、引言

近年来，随着知识经济的崛起和知识产权意识的普及，高校越来越重视知识产权的创造、保护和转化。知识产权成果转移转化是促进高校产学研一体化发展、推动创新驱动发展的重要举措。本次调研旨在了解高校在知识产权成果转移转化方面的现状和问题，为高校更好地推动知识产权成果转移转化提供参考和支持，进一步促进高校创新创业和科技发展。本次调研采用问卷调查和询问调查相结合的方式，对高校知识产权成果转移转化的管理机制、转化成果和转化难点等方面展开调研，从而为高校知识产权成果转化提供一些拙见。

二、调研背景

2021年3月，基于加快建设社会主义现代化科技强国的需要，《中华人民共和国国民经济和社会发展第十四个五年规划和2035年远景目标纲要》提出了实施知识产权强国战略。[1] 随着知识产权强国战略的提出，为统筹推进知

* 作者：马庆玲、马典、谯艺琼、李洋、熊莉、王心茹，重庆理工大学旅游管理专业2021级本科生。

识产权强国建设，高效促进知识产权运用，充分发挥知识产权制度在社会主义现代化建设中的重要作用，中共中央、国务院制定了《知识产权强国建设纲要（2021—2035年）》[2]《"十四五"国家知识产权保护和运用规划》[3]。此后，在党和国家的领导下、在科学的思想理论指引下，知识产权强国战略不断发展，知识产权保护与运用持续优化，取得了卓越的建设成效。[4]

2022年，在知识产权强国建设相关措施执行下，我国知识产权保护状况不断改善，专利产业化率近5年稳步提高。[5] 国家知识产权局12月发布的《2022年中国专利调查报告》显示，2022年我国有效发明专利产业化率为36.7%，较上年提高1.3%，其中，高校有效发明专利实施率为16.9%，较上年提高3.1%。[6]

而大学生是大众创业、万众创新的生力军，是发展知识产权转移转化工作的重要主体。[7] 国务院为提升大学生创新创业能力、促进高校大学生知识产权成果转化、增强创新活力，出台了《国务院办公厅关于进一步支持大学生创新创业的指导意见》，该意见指出促进大学生创新创业成果转化要求完善成果转化机制、强化成果转化服务，进而支持高校科技成果转化，促进高校科技成果和大学生创新创业项目落地发展。[8]

但是，尽管现在知识产权强国战略持续纵深发展、高校知识产权保护与开发水平不断提升、大学生创新创业中知识产权转移转化工作指导意见持续完善，我们仍面临着高校大学生知识产权意识不强，产权成果欠缺转化导向机制，产学研合作不紧密，创新资源分布不均，创新结构与产业结构错位导致的服务产权和经济发展方面转化率低、转化金额不高等问题。[9]

三、调研目的与意义

（一）调研目的

1. 促进大学生知识产权的转移和运用

通过了解高校大学生知识产权的情况和存在的问题，找到促进大学生群体知识产权转移转化的方案和解决途径，为推动知识产权经济的繁荣发展奠定良好的基础，真正做好知识产权的经济价值的保护和实现工作。[10]

2. 探索大学生知识产权转移转化的机制和路径

通过对高校大学生知识产权转移转化机制和路径的调查研究，可以为学生的知识创新和经济发展提供可靠的支持和指导。

3. 实现大学生知识产权的价值最大化

高校大学生通常有较好的创新能力和研发能力，他们的专利和科技成果有着很高的价值。转移转化可以帮助他们将这些知识产权转化为商业项目[11]，实现价值最大化。

4. 促进高校和产业界的合作与交流

通过调研高校大学生知识产权转移转化的情况，可以加强高校与产业界之间的联系和合作，促进双方资源共享和技术交流，进一步推动产学研合作的深入发展。[12]

5. 增加高校的经济收入和自主可持续发展能力[13]

高校大学生知识产权转移转化的成功，可以增加高校的科技成果转化收入，提升高校自主创新和可持续发展的能力，增强高校的社会影响力和声誉，有利于积累人力资本，形成人才"公共池"聚集效应。[14]

(二) 调研意义

1. 推动科技成果的商业化和产业化

调研高校大学生知识产权转移转化的现状，可以为高校科技成果的商业化和产业化提供支持和保障。[15] 通过全面了解高校大学生知识产权的情况和存在的问题[16]，可以为科技成果转化提供更好的发展方向。

2. 推动经济发展和社会进步

高校大学生科技成果的商业化和产业化，可以为国家经济的增长和社会的进步提供强有力的支撑。[17]

3. 促进高校大学生科技成果的应用推广

有些高校大学生的科技成果因为缺乏商业化运作经验而无法得到应用推

广，若这些成果转移转化成功，则可以帮助高校大学生将这些成果运用于商业项目中，推动高校科技成果的应用和发展。[18]

4. 推进知识创新和科技合作

通过对高校大学生知识产权转移转化的进一步了解和研究，可以为高校与科技企业的合作提供更有价值的技术和应用方向。

5. 增强高校的社会影响力和声誉

成功转化的高校大学生科技成果将为社会带来实际应用和经济效益，提升高校在社会中的影响力和知名度[19]，进而有利于吸引更多的优秀人才和资源，提高高校的整体发展水平[20]。

6. 促进地方经济发展和产业升级

通过引进高校大学生的科技成果和技术转移，可以推动地方企业的技术创新和升级，提升地方经济的竞争力和可持续发展能力。

四、调研对象及方法

（一）调研对象

本次研究的对象为就读于我校的本科生、研究生。近年来，在传统教育模式下，高校大学生对知识产权成果转移转化的认知较少，对有关知识产权保护方面的了解程度比较低，致使高校的科研成果仅仅停留在学术研究层面，未能将知识研究成果进行转移转化；高校缺乏与企业之间的合作，难以将研究成果进行批量产出。因此，为深入探究、清楚了解高校大学生对有关知识产权方面的认知和熟悉程度，调研组从学生对知识产权认识了解方面入手，逐步了解研究对象对知识产权成果转移转化方面的想法，以期发现高校在推动知识产权成果转移转化方面存在的问题，并希望通过本次调研，能够为树立高校大学生知识产权意识、提高知识产权成果转移转化率提供借鉴研究意义。

（二）调研方法

1. 文献研究法

通过收集整理学术界相关的文献资料，对之前发表在报纸、期刊中的相关领域的学者的学术研究进行梳理，通过总结归纳已经发表的研究成果，理清了本次研究调查的思路，为接下来的调研过程奠定了坚实的基础。经过对已有文献的理论分析，围绕知识产权成果转移转化的主题，归纳出高校对知识产权保护的意识、知识产权成果转移转化面临的问题，以及其自身的价值重要性，并进一步提出当前提升转化率的路径对策、优化建议。

2. 问卷调查法

本次调研通过问卷调查、数据分析的形式，围绕高校知识产权成果转移转化，针对高校大学生展开调查。以问卷星为载体，对问卷进行内容制作、分发、回收，了解本校大学生对知识产权及其转移转化相关内容方面的认识、感受与评价，并对问卷结果进行描述性统计与相关分析。

本次调研发出问卷共 181 份，收回问卷 181 份。其中，女性占比为60.22%，男性占比为39.78%。学生分为本科生和研究生，其中大三学生占比最大，为60.59%，其次为大二学生。

3. 询问调查法

询问调查法是最常用、最基本的调查方法之一，指的是调查人员通过走访、留置问卷等途径，向被调查者进行提问或征求意见来收集调查者所需市场信息的一种调查方法。询问调查法的优点是能够实现调查者与被调查者的实时沟通，调查者提出的问题能够即时得到解答，信息直接来自被调查者，这样直接的沟通可以有效消除调查人员主观方面相关因素的影响；但这个方法也有缺点，如果被调查者不愿意全心全意地配合和认真回答问题，那么调查效果就会比较差，且无法给调查者充足的信息量。

在此次调研过程中，调研组主要采用问卷调查法，兼用询问调查法，收集了我校 18 位学生对高校知识产权成果转移转化的看法、感受及意见和建议。深入学生中间，探究高校知识分子对自己以及学校知识产权成果转移转化的需求，力求从询问采访中抓住高校在学生知识产权转移转化问题方面存在的漏洞，为后续调研结果的真实性、可靠性打下基础，并在一定程度上提供案例支撑。

五、调研过程

（一）前期调研准备

高校知识产权成果转移转化是当前科技创新发展的重要环节，对于促进科技成果的转化和应用具有重要意义。本次调研旨在了解高校知识产权成果转移转化的现状、问题和影响因素，并为进一步推动高校知识产权转化提供参考和建议。

1. 确定选题

调研组经过共同讨论以及对周边学生的简单询问，了解到如今的大学生对科技成果转移转化并不是特别了解，尤其是涉及知识产权成果方面的问题。因而，调研组在共同讨论之后确定了高校知识产权成果转移转化这一选题。

2. 调研方法

本次调研采用文献研究、问卷调查、询问调查三者相结合的方法。文献研究将对相关领域的学术论文、研究报告和政策文件进行梳理和分析；问卷调查将通过在线调查平台发放问卷，收集高校知识产权转化相关人员的意见和建议；询问调查是对校内几个理工科类学院的学生进行简单采访，主要了解理工类专业的学生对科技成果转化问题的认识和发展建议。

3. 设计调查问卷和访谈大纲

调研对象主要为在校本科生及研究生。为了收集到全面而准确的数据，调研组设计了一份结构合理、内容丰富的问卷。问卷内容包括高校知识产权转化的现状、问题和影响因素等方面的问题，同时也会征求被调研者对于高校知识产权转化的看法和建议。采访大纲主要针对被访谈者对自身专业及其行业领域涉及的知识产权转化相关知识的了解程度。

4. 调研限制和预期结果

本次调研可能存在样本偏差等问题，但调研组将尽力控制这些问题的影响。预期的调研结果包括高校知识产权转化的现状、问题和影响因素等方面的发现，并提出相应的建议和对高校知识产权转化的启示。

(二) 中期调研阶段

通过线上动员全体在校学生填写调查问卷，及时跟进问卷的填写情况；线下兼用询问调查法。

在调研过程中，调研组不断完善调查报告框架，通过收集填写调查问卷的学生的反馈信息等方式，完善调查问卷的结构，并针对高校知识产权成果转移转化存在的相关问题展开团队讨论，商讨关于该问题的建议和对策。

在询问调查的过程中，调研组在不同学院随机挑选了 18 位学生，学院分布情况如表 1 所示。

表 1 被调查者学院分布情况

学院	人数
车辆工程学院	1
机械工程学院	1
材料科学与工程学院	1
电气与电子工程学院	2
计算机科学与工程学院	1
药学与生物工程学院	3
化学化工学院	1
管理学院	2
重庆知识产权学院	5
两江人工智能学院	1

在询问调查中，调研组以"在自己的专业课学习中，是否有涉及申请专利的情况""是否了解知识产权保护的相关信息""了解过国家在知识产权保护方面颁发过的哪些政策性文件""对知识产权成果转移转化这一概念是否有一定的认知""平时获得这些相关信息的渠道有哪些？是否是从学校的官方渠道获得的"等问题为主体，深入学生当中进行调查。

经过调查发现，我校学生普遍对于知识产权基本信息、成果专利的相关申请流程、国家颁布的相关法律政策、知识产权成果转移转化的流程和实际意义等并不了解，就询问调查法整体而言，在知识产权成果转移转化方面，存在着与专利、知识产权成果相关性较大的学生对相关信息了解程度低、学校缺乏对该类信息的宣传等问题。

六、高校知识产权成果转移转化困境的现状分析

（一）对知识产权保护基本信息的了解

知识产权，也被称为智力成果、无形财产权，是一个国家通过制定知识产权法律而赋予创造主体对其智力劳动所创造的精神财富所享有的一种专有的、排他性的权利。[17] 知识产权保护的对象是智力成果，具体包括文字、科学、艺术等作品，发明、实用新型、外观设计等专利，商标，地理标志，集成电路布图设计等法律规定保护的对象。

如图1所示，根据问卷第5～7题的结果可以得知，我校大学生对知识产权保护的基础内容和对象了解较少，平均分分别为2.18分和2.13分（满分为5分），这反映了我校对知识产权保护相关知识的宣传力度不够，学生认识较少。在提及对知识产权申请流程及相关政策的了解程度时，问卷的平均分仅为1.5分，基础知识鲜有人知。这无疑表明了我校加强学生知识产权保护意识的紧迫性。

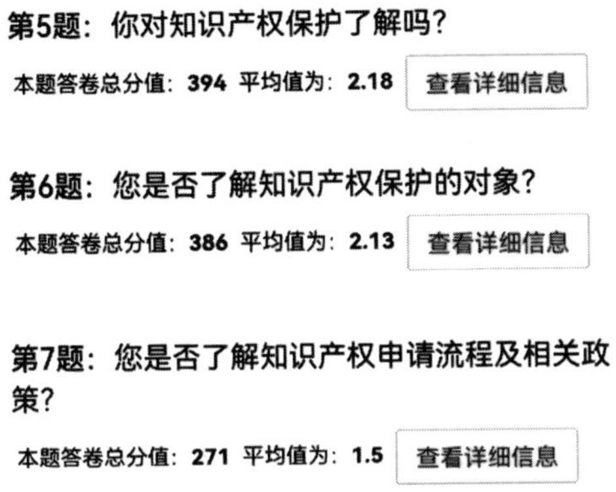

第5题：你对知识产权保护了解吗?

本题答卷总分值：**394** 平均值为：**2.18**　[查看详细信息]

第6题：您是否了解知识产权保护的对象?

本题答卷总分值：**386** 平均值为：**2.13**　[查看详细信息]

第7题：您是否了解知识产权申请流程及相关政策?

本题答卷总分值：**271** 平均值为：**1.5**　[查看详细信息]

图1　对知识产权保护基本信息的了解程度

(二) 与知识产权的联系程度

由图2和图3可知，有56.35%的学生认为自己是有进行知识产权保护的需求的，这说明还是有相当一部分人明白知识产权的重要性；但是当被问到对国家颁发的政策文件的了解程度时，大多数人只表示了对《中华人民共和国民法典》《中华人民共和国著作权法》《中华人民共和国专利法》《中华人民共和国商标法》等知名度较高的法律有所耳闻，对一些较为专项的条例等不甚了解。学生的了解浮于表面，未作深入学习。

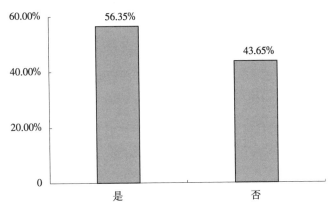

图2　是否认为自己有进行知识产权保护的需求

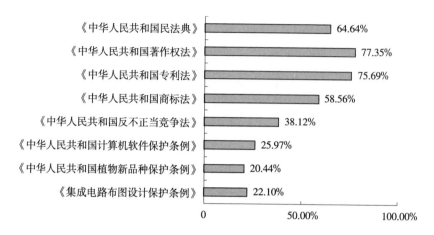

图 3　了解过哪些政策性文件

(三) 对知识产权的了解程度

由图 4 可知，大部分人认为只有作品、发明、实用新型、外观设计、商标等属于知识产权保护的范围，而忽略了集成电路布图设计、植物新品种等较细化的方向，对知识产权保护的范围掌握得不充分。

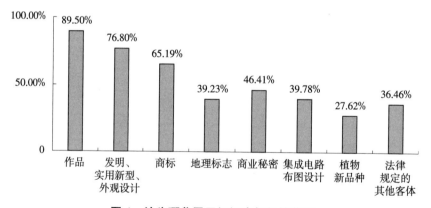

图 4　认为哪些属于知识产权保护范畴

(四) 对知识产权成果转移转化的了解

由问卷第 15 题的数据可知，大学生对知识产权成果转移转化的了解程度普遍较低，平均值仅为 1.4 分（满分为 5 分）。对于第 16 题"是否有科研成果转化需求",仅仅有 10.5% 的人选择了"是"(见图 5)。这两个数据恰好相呼应,共同说明了我校学生对科技成果转化不了解、需求不多的现状。

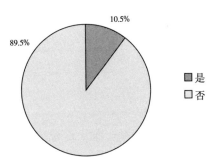

图 5 是否认为自己有科技成果转化需求

问卷结果显示(见图 6),在有科技成果转化需求的 10.5% 的学生中,对科技成果转化的主要形式的了解程度,排名前三的是:

(1)合作转化(合作开发科技成果产权共享,共同实施转化),68.42%;

(2)使用权许可(许可使用该技术或产品),63.16%;

(3)技术入股(以该科技成果作价,投资折算股份或者出资比例),63.16%。

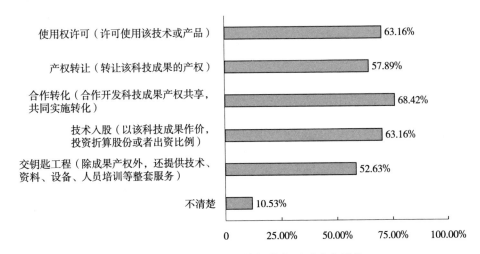

图 6 您认为科技成果转化的主要形式有哪些

认为是科技成果转化必需的服务（见图7）排名前五的是：

（1）成果转化信息对接服务，73.68%；

（2）专业的技术转化团队，68.42%；

（3）知识产权服务，68.42%；

（4）技术交易服务，63.16%；

（5）创业孵化服务，57.89%。

这表明，10.5%的学生中有很大一部分重视成果转化信息对接服务，认识到在成果转移转化过程中信息的重要性。

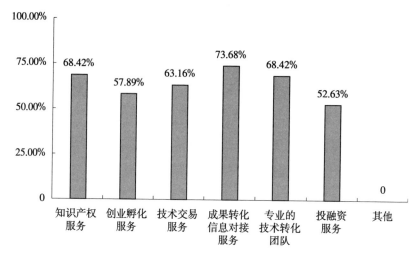

图7　认为科技成果转化必需的服务有哪些

关于在科技成果转化中遇到的困难（见图8），排名前三的是：

（1）成果转化意识不强，73.68%；

（2）转化有困难，技术达不到转化要求，73.68%；

（3）可以转化，缺少运营团队运营，57.89%。

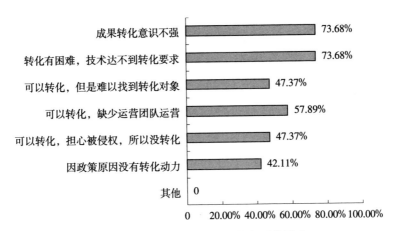

图 8 认为在科技成果转化中有哪些困难

这个问题的结果与上一个问题相呼应，大多数人认为在科技成果转化过程中，一个好的运营团队是非常重要的，如果只有成果，没有团队的运营，也同样难以完成转化；另外，成功转化对该项科技成果的技术要求较高，大家选出了希望学校以什么样的方式推送关于知识产权保护和成果转移转化的相关信息（见图9）。排名前三的方式是：

（1）学校网站，66.30%；

（2）公众号推送，54.14%；

（3）电子政务，52.49%。

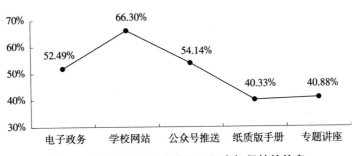

图 9 希望以什么方式获取知识产权保护的信息

这三种方式都是官方的，说明对于知识产权保护这样较为正式的、严肃的内容，学生更希望能够从官方、正当的渠道看到。学校不仅可以发布基础知识，也可以发布相关比赛信息，让学生能够安心、放心地去了解这方面的知识以及参与其中。只有如此，才能真正把知识产权的相关信息推送到学生身边，让更多的人了解到知识产权保护和科技成果转移转化。

七、高校知识产权成果转移转化困境的原因分析

最近几年，高校知识产权成果对于企业和社会发展起到作用的重要性已经越来越突出，高校的知识产权转移转化工作也引起了社会各界的广泛关注。高校知识产权转移转化通过被投资、开发和运用，增加经济价值，推动技术创新和产业发展，为我国的经济发展带来不可估量的价值。然而，当前我国高校普遍存在专利申请数量多而转化数量少的问题，大部分专利成果仍处于沉淀或闲置状态，未能充分实现其应有的价值。[16] 因此，本次调研根据不同调研方法得到结果，并根据数据对高校知识产权成果转移转化存在的问题进行以下分析。

（一）高校知识产权及转移转化意识缺失

目前，高校教育体系中对知识产权及转移转化意识的培养存在欠缺。意识缺乏主要是由教育体系问题、科研评价体制问题、缺乏专业化人才支持和市场化转化困难等共同造成的。首先，高校传统的课堂教学往往只注重理论知识的传授，而对于实践应用和知识产权保护的教育相对较少，这导致学生在毕业后对知识产权的认知和重视程度不高，以及不清楚自己是否有科研成果。其次，高校科研评价体制往往更加注重论文数量和发表影响因子等指标[21]，对于科技成果的转移转化和知识产权的保护并未给予足够的关注和权重，忽视了知识产权成果转移转化问题的重要性。[22]

（二）高校知识产权成果受多因素限制

首先，高校知识产权成果转移转化受多种因素限制，例如高校科研经费、高校管理、政策环境、知识产权保护和转移转化机制。技术壁垒是限制高校知识产权成果转移转化的重要因素之一，高校的科研成果通常都涉及先进的

技术或者研发所需的设备、工艺等，这些技术壁垒往往需要大量的研发成本和专业技术支持，所以只有具备相应条件的企业才能进行转化。而一些中小型企业或创业公司往往缺乏这些条件，因此难以将高校知识产权成果转化为实际并加以应用。

其次，市场需求的不确定性成为制约高校知识产权成果转移转化的难题之一，高校的科研成果往往是根据学术研究和科学探索的需要而产生的，而市场需求往往是以实际应用为导向的。因此，高校的科研成果有时候与市场需求脱节，导致成果转移转化困难。

除此之外，高校知识产权保护及转让机制的不完善也限制了高校知识产权成果的转移转化。知识产权的保护对于促进科技成果的转化非常重要，但是在现实中存在着知识产权成果保护的漏洞和滞后性。同时，知识产权转让机制也不够灵活和高效，缺乏相应的政策、法规和流程支持[23]，导致高校知识产权成果无法顺利转移转化。

根据调研结果可以发现，该问题各个选项之间的差距不大，且多数认为是科技成果转化必需的服务着重为成果转化信息对接服务、专业的技术转化团队、知识产权服务、技术交易服务和创业孵化服务，如图 7 所示。根据上述分析和图 7 所示数据可以看出，高校在知识产权成果转移转化方面存在服务不足的问题，这与高校知识产权与企业产业耦合困难的现状相呼应。

(三) 高校知识产权与企业产业耦合困难

首先，高校知识产权成果转移转化难以与企业产业合作是一个普遍存在的问题。一方面，高校的学生通常缺乏商业化经验和市场意识，无法将技术转化为商业产品或服务，满足不了企业需求；另一方面，企业也缺乏对高校技术及技术价值和潜在市场需求的了解。政府和社会机构应该加大支持力度，将高校的创新成果转化为现实的商业价值。其次，高校与企业之间的合作机制和文化差异因素导致校企产业难以结合，产学研耦合困难。[15] 高校和企业在管理体制、文化理念、合作方式等方面存在差异，使得彼此之间的合作难以达成一致。特别是在技术转让、利益分配、知识共享等方面存在分歧和矛盾，使双方无法实现合作共赢的战略。因此，在高校与企业之间，通过合作共建知识产权，是促进产学研发展融合的一种有效方式，通过这种方式，可以使技术上的投入得到回报。以这种方式也可以促进双方更好地合作，提高高校知识产权成果转移转化的效率。

（四）高校产权成果市场转移转化困难

高校在科技成果转移转化过程中面临市场化转移转化困难的问题。由于缺少市场化思维和商业化运作的经验，高校转化科技成果的能力相对较弱。[15] 同时，产业界对于高校科技成果转化的认知不足，导致合作机会有限。产权成果投入市场进行产业化难以实现，研发周期长，与投资者追求的周期短、收益大的需求相悖，短期内看不到收益成果，缺乏稳定性和有效性，导致成果转化率低。[24] 高校知识产权成果可能缺乏市场定位和市场导向，难以满足实际商业需求。另外，高校知识产权成果转移转化涉及多个环节，包括技术开发、市场推广、商业模式设计等。这些环节需要高校与企业、政府等合作，形成复杂的转化关系。然而，转化意识不强、技术达不到转化要求、合作协调困难等原因，都会导致高校知识产权成果转移转化难以顺利进行。

在问卷调查中，关于在成果转化中遇到的困难这一问题，有73.68%的学生选择"成果转化意识不强"以及"转化有困难，技术达不到转化要求"，有57.89%的学生选择"可以转化，缺少运营团队运营"，如图8所示。因此，对高校来说，高校自身转移转化能力存在不足以及缺乏一定的团队运营，都会面临市场化转移转化困难这一大难题。

八、调研结果与建议

（一）调研结论

通过此调研可以发现，虽然高校学生对于知识产权相关基本信息并不了解，对知识产权保护对象、知识产权相关申请流程、知识产权涉及的相关政策以及知识产权成果转移转化的流程等并不熟知。但大部分学生都认为自己有知识产权保护的需要，可是他们对于合理保护自身知识产权成果的政策法规了解并不全面，说明学校还应加强相关知识的宣传教育工作。与此同时，绝大部分的学生认为自己没有知识产权成果转移转化的需要，说明学校还应大力培养学生的自主创新能力，加强对科研成果的研发创作。就调研数据整体而言，高校的知识产权成果转移转化存在学生了解程度低、学校宣传力度小、知识产权相关服务不到位等问题，这些都体现了我校加强学生知识产权保护意识的紧迫性，同时在高校知识产权成果转移转化方面面临着知识产权保护困难、技术转化难、缺乏资金支持、缺乏人才和运营团队支持等问题。

(二) 相关建议

1. 紧跟时政权威，扩大信息渠道

(1) 增加知识产权信息获取渠道，打破信息壁垒。高校重点关注知识产权相关权威发布的官方动态，并及时公布于学校官网；在官方微信公众号上进行相关文章推送，方便高校学生及时了解最新时事政策。

(2) 开展知识产权相关专题活动，推动知识产权相关知识普及。高校每学年定期开设关于知识产权的专题讲座，让学生充分了解知识产权的研究动态，开拓眼界；举行相关比赛，通过比赛激励参赛学生，对其学习和研究进行启发。

2. 注重人才资源，培养优秀团队

(1) 加强人才的培育培养，提高高校学生的创造能力与创新意识。高校应鼓励、支持学生，特别是研究生，积极从事创新、发明活动并申请专利。在校学生获得发明专利者，学校可给予相应的奖励，或作为奖学金评定的指标，并体现在毕业成绩或学位成绩中。

(2) 引进知识产权相关人才、团队，丰富高校人才和团队资源。高校要加强对商业化和市场化人才的引进、培养，强化商业化和市场化的思维和能力，不断丰富人才和团队资源，推进高校在知识产权方面不断发展。

3. 建立健全保护机制，鼓励引导专利落地

(1) 设立知识产权专项资金，促进专利等知识产权的申请与保护。高校

每年要拿出一定数额的补助经费，设立知识产权专项资金，作为专利等知识产权申请和维持的费用，加大对知识产权科研项目的科研经费投入，用于鼓励一些重要发明成果的专利申请，以及对发明成果专利的保护。

（2）加强高校技术服务机构建设，加快专利技术的转移转化。强化专利管理与技术转移、科技成果产业化的结合，积极推进各种形式的专利实施，促进专利技术转移转化。部分高校应设立专利技术评估、集成、孵化机构，促进专利落地实施，以实施促进保护。

4. 紧跟市场需求，推动转移转化进程

（1）强化高校的市场化意识，加快知识产权转移转化进程。高校向专业人士咨询市场营销和商业运作方面的相关经验，强化对市场需求的判断力，加快推动知识产权转化项目的进程。

（2）加强与产业界的合作交流，促进知识产权转移转化。高校应重视与市场企业的合作交流，不断加强与产业界的深化合作，鼓励学生将部分优秀发明成果转移转化。

参考文献

［1］中华人民共和国国民经济和社会发展第十四个五年规划和 2035 年远景目标纲要［N］．人民日报，2021-03-13（1）．

［2］知识产权强国建设纲要（2021—2035 年）［N］．人民日报，2021-09-23（1）．

［3］国务院．国务院关于印发"十四五"国家知识产权保护和运用规划的通知［J］．中华人民共和国国务院公报，2021（32）：22-36.

［4］吴进．健全知识产权评估体系，激发企业创新活力［N］．中国会计报，2021-10-15（8）．

［5］贾润梅．我国发明专利产业化率近 5 年稳步提高［N］．中国质量报，2023-01-11（2）．

［6］李春．《2022 年中国专利调查报告》发布［N］．中国市场监管报，2022-12-30（1）．

［7］郑路，陈臣．高校类型、创业环境与大学毕业生创业率［J］．青年研究，

2022（2）：52-61，95.

[8] 国办印发《意见》，进一步支持大学生创新创业［N］. 新华每日电讯，2021-10-13（5）.

[9] 滕培秀，黄发友. "双一流"建设背景下提升大学生科研素养的策略研究［J］. 教育探索，2021（10）：29-33.

[10] 王康，李逸飞，李静，等. 孵化器何以促进企业创新?：来自中关村海淀科技园的微观证据［J］. 管理世界，2019，35（11）：102-118.

[11] PARRA A. Sequential innovation, patent policy, and the dynamics of the replacement effect ［J］. The rand journal of economics, 2019, 50（3）: 568-590.

[12] POOJA T, WERNZ C. Imapct of stronger inrellectual property rights regime on inmovation: evidence from de alio versus denovo Indian bio-pharmaceutical firms ［J］. Journal of business research, 2022, 138（3）: 457-473.

[13] 汤萱，高星，赵天齐，等. 高管团队异质性与企业数字化转型［J］. 中国软科学，2022（10）：83-98.

[14] 董涛. 知识产权数据治理研究［J］. 管理世界，2022，38（4）：109-125.

[15] 杜国明，生俊杰，曾嫚谊. 高校知识产权转移转化的问题与对策［J］. 中国高校科技，2020（S1）：44-46.

[16] 王翔. 高校专利转移转化现状分析及路径选择研究：以食品科学领域为例［D］. 景德镇：景德镇陶瓷大学，2023.

[17] 钟秀梅，庞弘燊，金银雪，等. 面向高校技术成果转移转化的知识产权信息服务模式与产品设计研究［J］. 图书馆，2023（4）：84-91.

[18] 李培凤，梁馨月. 英国大学知识转移转化监测与管理系统的分析与启示［J］. 中国高校科技，2020（12）：54-58.

[19] 王小绪. 提高高校知识产权运营能力的探索与实践研究［J］. 中国发明与专利，2018，15（4）：57-62.

[20] 李乐儒，傅文奇. 多元主体协同的我国高校知识产权信息服务的调查与分析［J］. 情报探索，2021（9）：62-67.

[21] 李蕊，翟通，李程，等. 浅谈新时代中国高校成果转化面临问题及对策建议［J］. 中国发明与专利，2020，17（6）：49-53.

［22］孔德民，蔡海霞．提高大学生知识产权保护意识研究［J］．浙江纺织服装
　　　职业技术学院学报，2019，18（2）：60-64．

［23］任涛．高校知识产权工作中存在的问题及解决措施［J］．文化产业，2022
　　　（3）：148-150．

［24］林芳菲．市场导向下高校知识产权转化机制探析［J］．闽南师范大学学报
　　　（哲学社会科学版），2020，34（4）：30-34．